A Legacy of Fifty Years

The Life and Work of Justo González

Un legado de cincuenta años

la vida y obra de Justo González

EDITOR: REV. STAN PEREA

ABINGDON PRESS / Nashville

A LEGACY OF FIFTY YEARS: THE LIFE AND WORK OF JUSTO GONZÁLEZ

ISBN 978-1-4267-7451-5

UN LEGADO DE CINCUENTA AÑOS: LA VIDA Y OBRA DE JUSTO GONZÁLEZ

ISBN: 978-1-4267-7451-5

13 14 15 16 17 18 19 20 21 22–10 9 8 7 6 5 4 3 2 1
MANUFACTURED IN THE UNITED STATES OF AMERICA
HECHO EN LOS ESTADOS UNIDOS DE NORTEAMÉRICA

**Asociación para la Educación Teológica Hispana
AETH**

This Book is published in partnership with the
Division of Ordained Ministry
General Board of Higher Education and Ministry
The United Methodist Church

Content

Contenido

A Legacy of Fifty Years

The Life and Work of Justo González

Preface

$\mathcal{T}$his book comes from a vision born out of the work of the Asociación para la Educación Teológica Hispana (AETH) over many years. In early 2010, I was named Executive Director of AETH by the Executive Council and resigned my position as an Executive Council Member. I had served on the Council since my election at the biennial meeting in 2008. During my time on the Council, we had engaged JVA Consulting in Denver to take us through a strategic planning process. As we moved through this planning process, it became evident to me just how much Justo Gonzalez' life and passion were involved in the mission and work of AETH. As we developed the new mission statement, "To Prepare Leaders that Will Radically Transform the Latino Church and Community", it was clear that this was at the heart of Justo's vision of what AETH should be doing. As we sat around the table and reviewed the organization's operations and history, we realized that everyone involved with AETH since it was founded in 1991 has been impacted profoundly in some way by Justo's vision.

When the strategic plan was nearly complete and after getting the approval of the Council, I approached Justo about the possibility of AETH forming The Justo L. González Center for Latino/a Ministries. In his usual humble way, he said "If you think it would help AETH, I would be honored to allow you to give the center my name." It clearly was not about him. Once again it was about furthering the mission of AETH and how we could best prepare leaders for the church, the academy, and the community.

From that initial discussion came the formation of the Justo Center. After discussions with several seminaries and Christian Ministries, we decided to house the center at Asbury Theological Seminary in Orlando, Florida.

The center has been a great success. It has connected AETH with the greater church and academy at a different level. The First Annual Lecture Series of The Justo Center in October of 2012 was one more affirmation of how important and timely the formation of the center has been to the overall mission of AETH. As we planned the lecture series, we decided that the lectures in the first year of the series should be dedicated to discussing the legacy of the individual in whose name the center was established. The scholars we invited to present the lectures were truly outstanding in their presentations. It was evident that they poured their souls into these lectures that were and are a blessing to us all.

We have included in this book those three lectures that were presented during the October Lecture Series by Dr. Stephen Bevans, Dr. Carlos F. Cardoza Orlandi, and Dr. Zaida Maldonado Pérez. In addition, you will find Justo's biography written by Dr. Marcos Antonio Ramos and a reflection given by Justo during the gathering. We have also included a partial bibliography of Justo's works. (A full bibliography would double the size of this book.)

Our hope is that in sharing Justo's legacy with the church and community, we can offer a glimpse of the contributions of this giant of a leader, writer, historian, teacher, preacher, and most important, friend.

Acknowledgments

$\mathcal{B}$ehind the publication of any book there are always efforts and contributions of many people and organizations. In addition to Justo himself, whose life and work this book is dedicated to, there are other individuals to whom we owe gratitude. In the first place, we want to thank the contributors to the chapters of this book. They are Dr. Stephen Bevans, Dr. Carlos Cardoza-Orlandi and Dr. Zaida Maldonado-Pérez. The fourth one, Dr. Marcos Antonio Ramos, who has known Justo since they were children, also participated in the closing ceremony of the First Lecture Series of the Center. A word of thanks goes to Dr. Fernando Cascante Gómez, Director of the Center, and to his Administrative Assistant, Ms. Melany Sánchez López, for their dedication to the planning, organizing, and overseeing of the activities of the First Lecture Series. Our gratitude goes to Dr. HiRho Y. Park, Director of Clergy Lifelong Learning of the Division of Ordained Ministry of the UMC General Board of Higher Education and Ministry, and to Rev. William Barnes, Senior Pastor at St. Luke's United Methodist Church, in Orlando, for providing significant financial support for the realization of the Center's First Lectures Series, out of which this book results. Many thanks to Pedro López from Abingdon Press, for putting the publication of this book high on its priority list for this year. Also, we give thanks to my daughter, Amy Perea, and Cher Smith for their reading and editing services as well as to Francisco Miraval and Lizette Acosta for their invaluable help in translating some of the manuscripts that, in some cases, were written originally in English or in Spanish and needed to be in both languages. Finally, a thank you to Julio Hernández, a Baptist church leader who after participating in an intensive course led by Justo last February, took a few professional photos of him to be used as we please. To all of them, and many others unnamed people behind them, many, many thanks on behalf of all of us who work and serve AETH and the Justo L. González Center for Latino/a Ministries.

Introduction

Tell Me a Story: The Life and Times of
Justo Gonzalez, a Living Parable

By Rev. Stan Perea

*I*f you look in the dictionary for the definition of "parable," you'll find, "a usually short fictitious story that illustrates a moral attitude or a religious principle." Sounds boring, doesn't it?

The word comes from the Greek *parabolee*. *Para* means "beside," and *ballo* means "to throw or to cast." The literal translation is "to cast beside." This is exactly what a parable does. A fictitious story, with elements that are very familiar to the listener, is cast beside an unfamiliar idea in order to help the listener understand the unfamiliar or is cast beside an ambiguous idea in order to make a point.

For example, I might tell you that my neighbor has a beautiful, expensive sports car that he keeps in his garage. He washes and waxes his red Lamborghini every weekend. The interior is spotless and even his tires shine. Then every Sunday, he puts on a driving cap and even a scarf around his neck, puts on his sunglasses—and sits in his car. He never leaves the garage. Why? Because he is afraid of getting his beautiful car dirty or, even worse, scratching it. All of us have cars—even if they are much cheaper than a Lamborghini—and all of us can identify with taking care of it and not wanting to damage it. But all of

13

us can recognize the folly of never taking this big, powerful car out of the garage and using it for what it was designed. And the power of the parable comes when we realize that our talents are wasted if we never take them out of the garage, no matter how beautiful and well-maintained they are!

For most Christians, when we think of the word "parable," we think of the parables of Jesus, who used his parables very much like that in our example. When Jesus said, "If a man owns one hundred sheep and one wanders away …," he caught their attention. They all knew exactly what sheep were like and what shepherds would do. He was casting sheep and shepherds beside God in order to show his listeners what God is like. Through the use of parable, Jesus had them right where he wanted them.

The fact is, we like stories. So when Jesus said, "A certain man had two sons," something in us says "oh good!" and settles down to hear the story. We pay attention.

Author C.S. Lewis, who wrote a good many stories, stated that fiction was a way to get past the "watchful dragons" of rationality, of unbelief, of stubborn rebellion in order to come to faith. Many who rebelled against the idea of Jesus Christ have come to a saving faith in him through the backdoor of hearing about Aslan first in *The Chronicles of Narnia*.

So parables, stories, teach us moral truths. Stories engage us. They awaken our imagination and make us hunger for more. One final feature of story that I want to mention is that because of the nature of story and the details used to engage our imaginations, they are more memorable than cold, hard and very dry facts— even when those facts are about theology!

A colleague of mine hated history until she heard the story of Athanasius. Cold, hard and dry facts: he was the bishop of Alexandria, he was born around 296 and died in 373. He was involved in the Arian conflict and was exiled five times by four different emperors for not renouncing his orthodox views on Jesus Christ and the Trinity. Sure, those are facts you could memorize. And you could spit them back out on a test if you needed to. But will knowledge of Athanasius change your life? Does reading those facts make you want to be like him? Is there anything there to stir you into a closer walk with the Christ Athanasius sought to defend?

No.

But when you hear the story told by a gifted story-teller, that is exactly what happens.

You may wonder why this prolonged discussion about story. It is because the most gifted Story-Teller of all uses His people as story. That is why we call all of history His story. *We* are the parables he uses to draw people to Him, to make them listen and remember. In truth, to make them pay attention.

Justo Gonzalez is one such parable, and I think he would like being known as a story. It is fitting that he is a historian and breathes life into those cold, hard, and sometimes dry facts. By weaving his own stories into those bare facts, he brings them alive for his readers, for his students, for the people he encounters daily. And more. He has made them alive for countless people around the world.

The Lectures in this book are a testament to not only his story-telling abilities but also to his own life as a story. Dr. Stephen Bevans even starts off his article with remembrances of meeting Justo and makes mention of Justo's extended metaphor (a parable in itself) in explaining the nature of doctrine compared to sport. I can hear Jesus now: "The kingdom of Heaven is like a baseball diamond …" And we pay attention.

Dr. Carlos F. Cardoza Orlandi seeks to synthesize Justo's theological work and acknowledges what a difficult task he has before him. So how does he organize his work? Through metaphors and images. Justo's theological work is like a router, a memory card, and a bridge. And we pay attention.

Dr. Zaida Maldonado Perez recognizes the strong impact that Justo's story has had on theological education. Six degrees of separation means that the shape of theological education—and its reach—are intimately linked to the story of Justo Gonzalez.

His biography, written here by Marcos Antonio Ramos, highlights Justo's stories and we are captivated by them. As he says, "La historia, siempre la historia." From the description of the times into which he was born through his writings, speaking, teaching, living, and loving, what comes through is the impact Justo's story has on everyone he meets.

I met Justo while I was a student at Denver Seminary in 1988. I was reading his book on church history for a class with Dr. Tim Weber. Little did I know that I would be working with him and that I would have the opportunity to establish The Justo Center in his honor.

I have found Justo to be the most humble man with a servant's heart. He is the first one to stand up and help when we set up conferences. He works along with the staff whenever he has an opportunity to do so. He is a true pastor with a pastor's heart and is never too busy to stop and engage in conversation with anyone.

And he is the first to say, "Let me tell you a story."

As I wrote earlier about the facts of Athanasius' life, I ask now about Justo—but not about the facts of his life. I ask these questions about the parable of his life, the story that God has cast beside the facts. Will Justo's story change your life? It has changed many and has changed the theological landscape of today. Does reading about his life make you want to be like him? You would have chosen a worthy model. Is there anything in the story of Justo's life to stir you into a closer walk with Christ whom he loves? I know that would be his prayer.

As Justo himself says in his reflection, words are powerful. Parables are powerful. The parable that is a person's life, written by the great Story-Teller, is powerful. Death cannot overcome it and the gates of Hell cannot prevail against it.

History, Always History

Notes on the life of Justo L. González
Marcos Antonio Ramos

*J*usto González García was born in Rancho Boyeros, in the municipality of Santiago de las Vegas in Havana, Cuba, on August 9, 1937—a most turbulent year. The year had begun with a new resident in the Presidential Palace of Havana. Federico Laredo Brú, attorney at law, had been elected vice president and had taken office as head of state of Cuba on December 24, 1936. His predecessor in the presidency, Miguel Mariano Gómez, had been removed from office through the most polemic congressional decision in the history of Cuba. Gómez had opposed a new tax law that would have allowed the expansion of the educational system to include rural regions where there were no schools. The sugar industry, which largely determined the course of the national economy, was estimated to produce nearly three million tons of sugar by 1937, most of which was intended to go to the North American market. In January, word was out that many day-laborers from Haiti, Jamaica, and other Caribbean islands would be deported.

Certainly, all this was present in the mind of a citizen such as Professor Justo González Carrasco, a Methodist Christian who was always interested in current events in his country. He was critical of the various administrations that would continually come into power every number of years, or months, or even days. One of these administrations lasted but a few hours. As someone well versed in the history of his country, he had actively participated in the revolution of 1933 by which President Gerardo Machado was overthrown. President Machado had been elected

17

in 1928 as the sole candidate; he established a new constitution that year, which would open the way for an extension of his power. That move cost him a great part of the people's support.

Don Justo's wife, Dr. Luisa García Acosta, was likely more interested in the recent creation of a commission to reorganize education in teachers training schools, and in other intermediate training schools, as well as in the new set of standards for the Universidad de la Habana, which had become autonomous as a result of the revolution and of the demands made by students. That polished and intelligent woman, capable of discerning the most difficult pedagogical issues and whose mastery of the Spanish language was unsurpassed, recognized, as did her husband, the development of a political experiment in the biggest island of the West Indies.

But on that August 9, 1937, Doña Luisa and Don Justo were celebrating for reasons other than politics, revolutions, or laws and provisional governments. On that day, a son was born to them, Justo Augusto González García. The Gonzalez' home was located in a Havana barrio known as La Víbora, and the friends and family members who ran to their home to congratulate the happy couple could never have anticipated that this newborn would become one of the most prolific and well-respected ecclesiastical historians in America. He would also become author of the most important books to be used in seminaries, religion schools and universities in a number of countries, including the United States.

Five years prior, Jorge González García had been born, the couple's first child and now older brother to this newborn. Later in life, Jorge became a notable Old Testament professor at Berry College, a university in the state of Georgia. He received his academic training at the Instituto Pre Universitario of La Habana, the Matanzas Theological Seminary, and the Candler School of Theology of Emory University, where he completed a Ph.D. degree in Old Testament.

Justo was born in a Christian home, to a family with strong ties to the Protestant community.

Protestantism, though it was a minority, had expanded throughout Cuba. In Santiago de Las Vegas, a Methodist congregation was established at the turn of the century. Justo's father was from the area of San Antonio of Río Blanco, in the province of Havana. His first contact with the gospel had been with the Quaker missionary Arthur Pain, who had dedicated himself to evangelizing that region. It would be Don Justo who, many years later, would write an inspiring biography of that missionary, better known in most of Cuba as "Mister Pain." The book was titled "The Sower," since the author concentrated his efforts on the missionary's methodology, which was more focused on the conversion of souls than on the institutional elements of the denomination. In time, Don Justo joined the Methodist church and eventually was made pastor of that congregation.

Doña Luisa came to the Methodist church through the providence of a relative. An uncle of Doña Luisa, who had been converted in New York, went to visit the young Luisa and her family. During his visit, he spoke of his religious experience. Before leaving, he gave them a Bible and other reading material. Though the family had promised to read these resources, they did not do so until they heard about the uncle being shipwrecked on his way back to New York. As a sign of respect, they decided to read the Scriptures and to visit the local Methodist church. Doña Luisa would eventually become one of the most prominent Methodists in the region.

That is where the romance of Don Justo and Doña Luisa began. The two of them raised a family that would contribute not only to the church in Cuba, but to the Christian church in many other countries.

The tumultuous situation in their country complicated the life of the young couple. Don Justo was imprisoned for opposing Machado's government. For years he had been one of the leaders of the movement known as ABC, which was founded by his friend, Joaquín Martinez Sáenz. The Machado regime was overthrown in 1933, and it would not be long before Don Justo would become frustrated with the many revolutionary struggles. The ABC Movement was not strongly supported and thus was unable to participate except in minor partnerships with administrations following the success of that revolution.

The father of the future historian had distinguished himself as a revolutionary, but many would know him rather as preacher and teacher, though the titles of novelist, editor, and public officer would later be added to his dossier. In journalism, he would also make a name for himself as editor of the ABC newspaper *Denuncia* and the daily journal *Alerta*.

In time, Don Justo, together with his wife, founded the literacy program known as ALFALIT, which would eventually expand throughout all of Latin America and the rest of the world, and would receive prestigious awards such as the ones granted by UNESCO, several governmental departments and other institutions.

Don Justo had conceived ideas that would contribute to the development of their country, among them the notion of an office within the Department of Agriculture that would be responsible for the preparation and distribution of scientific material thus promoting an agricultural system that would transform the life of many farmers and agricultural companies. He was the first to serve in that position. By the end of the first term of Fulgencio Batista (1940-1944), Don Justo was forced to abandon this position. However, he filed a lawsuit that would force the government to reinstate him to his office within the department of agriculture; this took place toward the beginning of Batista's second term (1952-1958).

Don Justo's honesty and integrity made him a different type of leader. In a country where politics was considered the "second harvest" for being such a lucrative enterprise, the González always lived a life characterized by modesty and austerity.

As we have seen, Don Justo combined his role as an educator with other functions. Because of his involvement in activities against Machado's government, Don Justo was imprisoned in the historic yet sinister Castillo del Príncipe, in La Habana, and was later transferred to another prison in the Isla de Pinos (today known as the Isla de la Juventud). It was up to Doña Luisa to raise and care for their son Jorge, until the fall of the regime. She herself personally shared with me that her firstborn ate his first cookie at the Castillo del Príncipe prison.

Doña Luisa's main responsibility was teaching grammar and spelling, and she wrote several textbooks. Doña Luisa participated in the foundation and consolidation of the first phase of ALFALIT. She also became the director of the prestigious Phillips School in the capital city. Generations of Cubans remember her as the author of the wonderful Spanish textbooks, which were used both by private and public schools in Cuba as well as in other Latin American countries. Even today, the mention of her name would bring to mind for thousands of students the Language classes that were part of the curriculum during this time.

As time went by, during the 1940s, the economy was difficult, even during the tenure of governments that were elected constitutionally. Justo's schoolmates were children of diplomats and international business owners, and they owned every type of toy imaginable. But Justo's main toys were a couple boxes full of linotype lines and clichés that he kept safely underneath his bed, as if they were a treasure. For those of recent generations, a linotype machine was a line-casting machine used in press printing. The letters were pressed on a narrow piece of hot metal between six and eight inches long to then be press-printed. A cliché was a wooden block with a metallic stencil of a photograph. These clichés and linotype lines were used to print each page of a newspaper. With those metal and wooden pieces, Justo built castles, palaces, bridges and roads. Today, he would not have been allowed to play with something that contained so much lead to the point of being harmful.

Something that contributed significantly to Justo's formation was his home's lifestyle. Television was not around yet, so more time was available for talking and learning. At night, after dinner, the family would remain at the table talking. The family included his parents and his brother, Jorge, and other family members that for a variety of reasons lived with them—an unmarried uncle who was a proofreader, an aunt who was a teacher, and her husband, who worked for an industrial company but spent his free time writing. Often, the conversations would lead to discussions on grammar or literature—what did this or that poet mean with this verse, or was it proper to say something like this or that. Each family member would turn to his or her authorities, especially the Dictionary and Grammar of the Royal Spanish Academy, which, alongside the Bible, occupied a place of honor on the table behind where Don Justo sat. That was the life of authors, journalists, proofreaders, and style checkers among the family members who were dedicated to the printed word. Even today, among the books that occupy a place of honor next to Justo's desk are the Bible and the Grammar and Dictionary of the Royal Spanish Academy, now in two volumes.

Justo's first memories are of a home that was located on 909 Manrique, in the Cuban capital—the home to which his family had moved immediately after his birth and which was on the second floor of a furniture store. It was there that he was baptized at the age of seven, along with his brother Jorge, then twelve. Pastor Carlos Pérez Ramos officiated the ceremony. When Justo was eight, the family moved to Nicanor del Campo, in the city of Marianao. It was in 1945 that Justo first traveled abroad. It had not crossed the young mind of this future historian that he would be destined to live the majority of his life far from his homeland.

The move from Alturas del Bosque in 1951 was related to his parents' work as professors at Candler College. His new home was located behind that school. They would live there through 1954, when their home was built in Ampliación de Mulgoba, in the city of Santiago de Las Vegas. But Justo would not live there long since that same year he began his studies at the Matanzas Theological Seminary, to continue the academic formation he had begun years prior.

The young González had begun his studies at Phillips School, where his mom would someday become the director. The school belonged to Charles and Rosabel (Gilbert) Sargent. Rosabel was the daughter of a missionary couple who had left the country. When Justo began at that school, it had already become a private school for wealthy children, with the exception of a few children such as Justo. In Cuba and many other countries, schools were called "colegios" (colleges), especially if they included Junior High. Classes at Colegio Phillips were taught in English and in Spanish, and the school was located in the Reparto Kohly. There he would study from Kindergarten through seventh grade.

Then came intermediate school, which Justo began at Colegio Candler, where his parents worked for a period of time. "The Candler," as the school was commonly known, was the largest Protestant school in the metropolitan area of Havana. It had been named after Warren Candler, who had presided as bishop over Cuba as well as Florida, and who was the brother of the founder of the Coca-Cola Company. It is also the name of the school of theology of Emory University in Atlanta. "The Cuban Candler" was located in the municipality of Marianao and was well known through the rest of the country. The director of the school was Carlos Pérez Ramos, the pastor who had baptized Justo.

The Gonzalez family enjoyed an excellent relationship with the denomination and with the Colegio Candler. Doña Luisa was highly respected in the Colegio Phillips, where she also taught. After two years at Candler, once his mother began working full time at Phillips and his dad returned to his employment with the Department of Agriculture, Justo was not able to continue to receive the Candler scholarship, and he enrolled at the Instituto Pre-Universitario of Marianao, where he completed his high school studies in the areas of science and arts. These studies opened the door to the University of Havana, founded in 1728.

Between 1952 and 1954, while still a student at Marianao, Justo began a small tutoring business through which he assisted other schoolmates and for which he received twenty pesos per student, the equivalent of $20 at that time. The young tutor tells the story that at one point he felt he had become rich! That amount, multiplied by twenty students who were being tutored, was almost a fortune in those days.

For a young Cuban man of that time, to be able to study at the Havana University was probably the highest goal. Justo enrolled in the School of Philosophy and Letters, with a concentration in history and geography. For three years he studied philosophy, literature, Greek, Latin, and humanities. His professors were among the most prestigious in the country, and the future historian was exposed to their rigorous exams. The list of professors reads like a "Who's Who" of Cuban intellectuals. Among these professors were Herminio Portell-Vilá, one of the most recognized Cuban historians; Manuel Bisbé, a specialist in Greek culture and a notable politician; Vicentina Antuña, a prominent Latin scholar who would eventually occupy the position of Director of Cultural Affairs in the Department of Education, during the first stage of the Castro administration. Many of these scholars had studied and held teaching posts in universities abroad.

The scholastic atmosphere was highly politicized in the years that Justo studied for his bachelor's degree (1954-1957). A young man born in 1937 such as Justo, though dedicated to his studies, would necessarily live his early years and his youth in a country in which politics was the daily bread. Before completing his high school studies, the military coup d'état took place on March 10, 1952. The armed forces placed the power in the hands of their historical leader, General Batista, who returned to the presidency with a political mindset against any communist participation in the government or in the labor movement, but received the support of both of those groups, which, from 1947 had been mostly led by members of the PRC (A) party. Just as he had done during his prior administration (1940-1944), Batista maintained and even expanded the social reforms of the Revolution of the thirties. But these were the days of the Cold War, and the president of the United States, Harry Truman, wanting to reward his new anti-communist attitude, quickly granted the new government diplomatic status. The American government was putting pressure on Latin American countries to make all communist parties illegal. The Batista administration was also successful in getting rid of the "action groups," but college students, who had often opposed the PRC (A), initiated a new stage in their protest to oppose the Batista regime. It was precisely during this time that Justo enrolled at the University of Havana.

As he contemplated his country's political situation, Don Justo initiated the process that years later would lead to the publication of his book, *The Citizen's Revelation*. In it, with a prophetic voice, he warned with precision about the forthcoming problems that would ensue as a result of both the period of the capitalist government as well as Castro's revolutionary regime. Written in a prophetic voice and Christian language, the content of the book, and of other writings by Don Justo, was not in agreement with the ruling party's projects, which caused the author grave problems, in spite of his respectful approach and the absence of partisan language in the pages of his writings.

Such was the setting in which Justo lived. From 1954 to 1957 he studied at the University of Havana, where he took secular classes, and concurrently studied at the Evangelical Theological Seminary, located in Matanzas. The seminary had opened October 1, 1946, with a celebration that was held in the auditorium of the Colegio Irene Toland, a Methodist institution in Matanzas. The Presbyterian and Methodist churches through the highest officers of their denominations in Cuba, and through the representatives of the various missionary boards, had decided to move forward with the plans of having a united seminary. The school would be known as one of the best theological schools in Latin America. Among its professors were Carl D. Steward and his wife, Lorraine Buck, Robert L. Wharton, Raymond Strong, David White, and Mauricio Daily and his wife. Several Cubans also joined the faculty, such as Francisco Norniella, Alfonso Rodríguez Hidalgo and Francisco García. The Board of Directors was made up of members from both the Presbyterian and Methodist church and was headed by S.A. Neblett (a Methodist) as president, with Francisco García as secretary. With the arrival of the Episcopal Church in 1951, Milton Le Roy, Ramón Viñas, and Romualdo Gonzáles Agüeros joined the faculty. Initially, the majority of the professors were North Americans, all missionaries, but the number of Cuban professors would quickly increase, since the seminary had intentionally sought to increase the Cuban presence.

In 1954, at the beginning of classes both at the university and the seminary, an electoral campaign was taking place in which General Batista was seeking to repeat his victory from 1940 and to legitimize the government he had been heading since 1952. Batista allowed protesters to hold their activities as long as they were not trying to force him out of office. But, while Justo was amidst his studies at La Habana and Matanzas, former president Grau San Martín, the only candidate running against Batista in these elections, rescinded his candidacy, guaranteeing Batista's victory.

In the meantime, the young student was beginning to transfer his intellectual inquiries to the study of history, although he would excel in other subjects, such as geography, which he had liked from the beginning. His theology professor was Alfonso Rodríguez Hidalgo, fondly known as "El Maestro Alfonso." History of Christian Thought, the subject in which Justo would later excel as the author of the most important textbooks, was taught by David White, a Methodist. Ramón Viñas, an Episcopalian and former Catholic priest, taught church history and Greek. Fancisco Norniella, a Presbyterian, was professor of Old Testament.

At the seminary in Matanzas, Justo studied along with future clergy and educators who would later occupy prominent roles. Armando Rodriguez would become a Methodist Bishop.

Antonio Welty was a chief executive in the Presbyterian Church USA. Omar Díaz de Arce became a historian and professor of Latin American History. As part of his theological studies, Justo was charged with preaching at churches and missions close to the city of Matanzas, which was known as "The Cuban Athens," because of the many poets and writers that came from there. At first he worked as a student-pastor at the Methodist church of Reparto Dubroq, and then he became the assistant pastor of Iglesia Metodista Central of Matanzas. But Bishop John Branscomb and his cabinet had other plans for the future historian. At the time, the Bishop of Florida also had jurisdiction over the Cuban archipelago, which included Cuba, Isla de Pinos and other nearby islands. Upon Justo's graduation from Matanzas Seminary, the Methodist Church decided to send Justo to Yale University, in New Haven, Connecticut.

Justo arrived in the United States during the Republican administration of Dwight Eisenhower. In 1957, the country was living through a period in which the struggle for civil rights was emerging. His entry to the United States was by way of the Miami airport, but soon he would be in Washington, D.C., in orientation meetings for Methodist students. From the federal capital he would move to Yale and would enter a very different environment from the Cuban one, surrounded by white Protestant and some foreign students.

The University of Yale was founded in 1701 for the formation of clergymen and other leaders. Its original name was "Collegiate School." In 1861, it became the first American university to offer the highest academic degree, a Ph.D., or Doctor of Philosophy. There the young Cuban student would have George Linbeck as his professor, a Lutheran who had taught there since 1952 and was well known as a theologian and for his knowledge of the medieval period. Also at Yale was the distinguished professor H. Richard Niehbur, Reinhold Niehbur's younger brother who, like him, was one of the central figures of neo-orthodox theology. H. Richard Niehbur was an ethicist, who with Hans William Frei exercised great influence on the post-liberal theology of the "Yale School." The future author of church history books would have as his neighbor at Yale the by then retired professor Kenneth Scott Latourette, a famous Baptist minister and historian of Christianity, considered in his time the highest American authority in the history of China. The room of the Cuban student was situated next to the office of Latourette. In addition, González would have the privilege to work in the office of Roland Bainton, professor of Ecclesiastical History, whose books on the matter continue to be used in universities and theological seminaries. The list of professors and eminent authors at Yale was impressive. Justo was in the right place.

In 1958, Justo finished the first part of his studies at Yale and was conferred the degree of Master in Sacred Theology (S.T.M.). Immediately, he left for Europe, for a year of study in the famous universities of Strasbourg, in France, and Basel, in Switzerland. While at Basel he took a course with the great theologian Karl Barth. In 1959, in between his studies in Strasbourg and his return to Yale, Justo married a young girl from the city of Matanzas to whom he had become engaged two years earlier. Although the marriage failed, he had a daughter whom he would raise with his second wife, Catherine, and of whom he has two granddaughters, a great-grandson and a great-granddaughter.

In 1960, he received the degree of Master of Arts in Religion (M.A.) from Yale. In 1961, that same institution conferred on him the Doctorate in Philosophy (Ph.D.) in History of Christian Thought, making him the youngest student in the history of Yale to receive that degree. He was only 23 years old the day of his graduation. His doctoral thesis was on the Christology of Saint Bonaventure and was very well received by the examiners.

That same year, the events in his native Cuba were transcendental. As of January 1, 1959, Fidel Castro was in power. In the early morning of that day, Fulgencio Batista had abandoned Cuba. In April, the failure of the disembarkation of a brigade of Cubans opposed to the government of Fidel Castro occurred a few months after John F. Kennedy took the presidency of the United States. Days before the invasion, Fidel Castro had proclaimed the socialist character of his Revolution, and at the end of 1961 he declared himself a Marxist-Leninist.

The year of 1961 would be an important one for Justo since it would mark the formal start of his career as a professor at Evangelical Seminary of Puerto Rico in Río Piedras, in the metropolitan area of San Juan. There, for eight years, he would teach courses on History of Christian Thought and on History of the Church as well as on other subjects related to theology.

During his first year, his salary was paid by the Board of Missions of the United Methodist Church. Nevertheless, it was the historian Roland Bainton who took the initiative to recommend that the Lilly Endowment take care of his financial needs so that the now Dr. Justo L. González could also dedicate some time to write. Many years later, in the early 1980s, Justo would work on his projects with the support of another foundation, The Pew Charitable Trusts.

The time Justo spent in Puerto Rico was foundational for his bright career as a professor and writer. During his eight years in Puerto Rico, the seminary was led by Thomas Liggett, of the Disciples of Christ, by Presbyterian Raymond Strong, and by Gildo Sánchez, a Methodist. Among the best-known professors that Justo had as colleagues were Jorge Pixley, Carlos Amado Ruíz, of the Dominican Evangelical Church, and José Aracelio Cardona. Besides being a professor, González also served as the Academic Dean. It was on Puerto Rican land that the young professor would write his first books, something he had started since the early sixties. The first one, *Revolución y Encarnación*, would be published in 1965 by La Reforma, a Puerto Rican publisher, which printed a second edition in 1966. That year the same publisher put in circulation Por la renovación del entendimiento. Also in 1965, the first volume of *History of Christian Thought* was published by Methopress, in Buenos Aires. In 1969, the last year of his teaching in Puerto Rico, Eerdmans, in Grand Rapids, Michigan, published his first work in English, *The Development of Christianity in the Latin Caribbean*. It was also in Puerto Rico where Justo was ordained as a pastor.

The young historian, who had cultivated excellent relations with American and European scholars during his years in Yale, Strasbourg, and Basel, would have among his students future historians and Latin American theologians such as Rivera Pagán. Pagán would later become a well-known historian and a professor at Princeton. Other friendships would arise in their multiple visits to churches in the "Isla del Encanto."

The island was a good place to acquire an ecumenical vision. Churches of many denominations and with different theologies opened their pulpits to the Cuban professor. González, became part of the Annual Conference of the Methodist Church of Puerto Rico. Later he would become a member of the Annual

Conference of North Georgia, and in the decade of 1980, although maintaining his residence in Georgia, he would be incorporated to the Annual Conference of Rio Grande, Texas, composed of Spanish-speaking churches.

At the beginning of 1973, he met Dr. Catherine Gunsalus, whom he married on December 18th of that year. Catherine is a distant descendant of Manuel González, who along with two brothers had fled Spain and the Holy Inquisition when they had become Protestants at the beginning of the 17th century. They settled down in New Holland, which is the state of New York today. Catherine lived there until she left to study in Philadelphia and then in Boston. It was at the University of Boston where she obtained her Ph.D. degree in Historical Theology in 1964. She became a professor at West Virginia Wesleyan College and later in the Presbyterian Seminary of Louisville, Kentucky. There she continued her educational work until she transferred to Georgia in 1974 as a professor for Columbia Theological Seminary. The seminary was very near Emory University, where Justo was teaching at the time.

Catherine became her husband's colleague as a historian and has performed a great role in the literary and research activities of Justo.

The years at Emory were productive in the career of González as a writer. In 1970, Methopress published his *Historia de las Misiones*. That same year, the Center of Christian Publications of San José, Costa Rica, published *Ambrosio de Milán*. Abingdon Press published the English version of the first volume of *History of Christian Thought* with the title *From the Beginnings to the Council of Chalcedon*. In 1971, Abingdon Press put in circulation *From Saint Augustine to the Eve of the Reformation*, the second volume of his *A History of Christian Thought*. The following year Methopress published, in Spanish, the second volume of that work: *From San Augustine to the Eve of the Reformation*. Soon it would be translated and published in Chinese, Portuguese, Korean, and other languages. His status as historian of the church is not only recognized internationally, but its rigorous erudition attracted excellent comments in some specialized publications.

In addition to being utilized in university schools, seminaries, and schools of religion in various countries, González' books were becoming indispensable in Spanish-speaking countries. In those years Editorial Caribe of Miami initiated the publication in ten volumes of *Y hasta lo último de la tierra: Una historia ilustrada del cristianismo*. Soon the volumes that began with *La era de los mártires* and ended with *La era inconclusa* would begin to circulate. Every important period of the history of Christianity was now available to theological students in Latin America and Spain, the first written by a Hispanic Protestant.

Before finishing his teaching at Emory, González published in Editorial Caribe of San José and Miami (1975) the first edition of *Jesucristo es el Señor* and *Itinerario de la Teología Cristiana*. Justo with his wife Catherine published *Their Souls Did Magnify the Lord: Studies on Biblical Women* (John Knox of Atlanta, 1977), which circulates in Spanish with the title *Sus almas engrandecieron al Señor* (Miami, Editorial Caribe, 1977).

I have been only one of so many professors of church history who have utilized the two volumes of *The Story of Christianity*. These volumes have been translated into many languages in America, Europe, and Asia. I refer to *Early and Medieval Christianity* and *From the Reformation to the Present*.

Among Justo's works are numerous contributions that have been of enormous aid in the study of historic and ecclesiological matters. Among them, *The Changing Shape of Church History*, *Mapas para la historia futura de la Iglesia* (2001), and also *Retorno a la historia del pensamiento cristiano* (2004). Before my retirement as a professor, Justo's book *Mañana* was my students' favorite, whether they were Anglo or Hispanic. In their lectures, which are included in this collection, Dr. Stephen Bevans and Dr. Carlos Cardoza-Orlandi present the contributions of González to the theological work of the church in general and particularly of the Hispanic church. The number of books published by González surpasses one hundred. In addition, he has had thousands of articles published in some of the top academic and scholarly publications. He has written articles for the *Dictionary of Bible and Religion* and the *Diccionario Ilustrado de la Biblia*, as well as in dictionaries of church history. González was the editor of *Comentario Hispanoamericano de la Biblia* by Editorial Caribe. In addition, he served for twenty years as the editor of Apuntes one of the most recognized journals of Hispanic theology in the United States.

It would require another book to cover the lectures Justo has been invited to deliver. For decades he has traveled throughout the United States and the world. Among the many institutions in North America where he has been invited to speak are Perkins, Vanderbilt, Vancouver School of Theology, Southeastern Baptist, New York Theological, Pacific School of Religion, Florida Center, Jesuit School of Theology, Claremont, Southern Baptist Theological Seminary, Boston University School of Theology, Lutheran Theological at Philadelphia, Moravian Theological, McCormick, Episcopal Theological Seminary of the Southwest, and Andover Newton. Among the most recognized Latin-American institutions he has spoken at are Comunidad Teológica of México, Seminario Bautista de Chile, Instituto Superior de Estudios Teológicos (ISEDET) in Argentina, Seminario Bíblico Latinoamericano (SBL) in Costa Rica, Seminario Bautista de Cochabamba, Seminario Bautista de Cali, and Seminario Teológico Menonita de Asunción. He has had conferences in places as distant as New Brunswick, Canada, Paris, and Nanjin, China. That student who arrived from Cuba to Yale in 1957 has served as a member of the University Senate of the United Methodist Church in the United States; the Commission of Faith and Order of the World Council of Churches, and the Commission of Faith and Order of the National Council of Churches (United States). In addition, González has served as a trustee for seminaries such as Union Theological Seminary and New Brunswick Seminary. He did extraordinary work as a member of the Board of Advisors of the Mexican-American Program at Perkins School of Theology. His work ethic and spirit of cooperation have been demonstrated throughout this work as well as in many other committees of the Presbyterian Church of the United States, Church World Service, the Board of Agricultural Missions, and others.

At a very young age, during the period of 1967-1968, he was appointed as Visiting Research Fellow at Yale University. He has received honorary doctorates from the Seminario Evangélico de Puerto Rico (1994), Christian Theological Seminary (2004), Asbury Theological Seminary (2005), Warburg Theological Seminary (2006), and most recently from the Universidad

Interamericana de Puerto Rico (2012). The scholar who occupied professorships in the Seminario Evangélico de Puerto Rico (1961-1969) and Emory (1969-1977) has taught courses as an adjunct professor at Columbia Theological Seminary (1988-1991) and as visiting professor at the Interdenominational Theological Center (1977-1988), Seminario Evangélico de Puerto Rico (1961-1969) and Emory (1969-1977) among others theological institutions.

González has been a speaker at numerous denominational meetings such as the annual conferences of the United Methodist Church Methodist, Synods, and General Assemblies of the Presbyterian, Reformed, and Episcopal churches. He has been a speaker at meetings of the Evangelical Lutheran Church of America and also of the Missouri Synod. In Latin America, he has been invited to deliver lectures to the Assemblies of God in Mexico, and to churches of historic confessions as well as newer evangelical churches.

But for many, even after the more than a hundred books, thousands of articles distributed in numerous countries, the best-known work of Justo is his tireless work on behalf of the men and women who have served as leaders in Hispanic communities. Perhaps this aspect of his work has been his most valuable contribution. The crucial importance of the chapter by Professor Zaida Maldonado Pérez' in this book attends properly to the legacy of this eminent historian, great professor, magnificent writer, consultant, and most importantly, friend. In other words, Justo has been a generous benefactor of Hispanic students of theology and other religious disciplines. Angel Vélez Oyola, Director of the School of Religion at the Recinto Metropolitano of Inter-American University of Puerto Rico, summarized it much better than me in a conversation in San Juan: "No one has done so much for the Hispanic students of theology as Justo L. González."

In the year 2000, with a new century ahead, Justo González returned briefly to his native Cuba for the dedication of the library that his dear and admired brother, Jorge, had donated to their always remembered Seminario Evangélico de Teología in Matanzas. I can imagine the pride of my countrymen upon receiving it because I have experienced what sisters and brothers of our language, Latinos and Latinas, residents in United States and Canada feel for him. All of them are thankful to the one who showed them the road, opened the door and accompanied them along the path. Among my biggest honors in life is that of calling him my old friend; that of venerating the memory of his parents, unforgettable for so many good people, Don Justo and Doña Luisa; that of appreciating the contributions of his beloved wife and illustrious colleague Dr. Catherine. I felt a sincere and very deep emotion when Dr. Fernando Cascante, director of the Justo L. González Center, asked me to say a few words about him during the First Annual Lectureship celebrated in his headquarters in Orlando, Florida, in October 2012. It was a privilege I will always treasure in my heart.

But, I continue to think of these annotations as "History, always History," because it will be impossible to separate him from it. Dr. González has dedicated his life to investigate and to share the history of Christianity. And it will always be necessary to associate his name with the history of the theological education of Latinos and Latinas and also with the personal history of Hispanic clergy and lay people in all of the Americas and Spain. For many of us, the history of Christianity will always remain associated, not only with the books of Justo González, but with all of his life and work.

Works cited

Duarte Oropesa, José. 1975. "Federico Laredo Brú" en *Enciclopedia de Cuba*. San Juan y Madrid: Enciclopedia de Datos Cubanos.

Fernández Miranda, Roberto. 1999. *Mis relaciones con el General Batista*. Miami: Ediciones Universal.

Portell-Vilá, Herminio. 1986. *Nueva Historia de la República de Cuba*. Miami: La Moderna Poesía.

Ramos, Marcos Antonio. 1986. *Panorama del Protestantismo en Cuba*. Miami/San José: Editorial Caribe.

Ramos, Marcos Antonio. 1989. *Protestantism and Revolution in Cuba*. Coral Gables: Institute for Interamerican Studies, Graduate School of International Studies, University of Miami.

Ramos, Marcos Antonio. 2002. *"Religion and Religiosity in Cuba: Past, Present and Future"* en Cuba: Occasional Paper Series. Novembe, Number 2, Washington: Trinity College.

Ramos, Marcos Antonio. 2007. *La Cuba de Castro y después: Entre la historia y la biografía*. Nashville, Thomas Nelson Publishers.

Soto, Leonel.1977. *La Revolución de 1933*. La Habana: Editorial de Ciencias Sociales.

Scholar Among Scholars, Hispanic Among Hispanics:
Justo's Legacy to the Church at Large

Stephen Bevans, SVD
Catholic Theological Union, Chicago

I remember very clearly the first time I met Justo González. It was in the dining room of Catholic Theological Union during a conference for Hispanic/Latino/a theologians that my friend and then-colleague Ana María Pineda had organized. I was thrilled to meet Justo, and he was as gracious as usual as I have since discovered, but he challenged my placing him within the "transcendental model" in my book *Models of Contextual Theology* that had been published a year or so before (Bevans, 1992, 106-110).

Justo, strongly committed to liberation theology in books such as *Faith and Wealth* (1990), *Mañana* (1990b), and *Liberation Preaching* (1980), suggested that I should have rather placed his work within what I called the "praxis model," one that started with action or experience and moved, through a re-reading of the Scriptures and the Tradition, to a new, more faithful and more effective action. While my understanding of the models of contextual theology was clearly an inclusive one, and it was clear that the *theme* of liberation played a key part in Justo's work, my own reading of his work was somewhat different, and in this I think I already intuited the truth of the thesis of this lecture: that Justo González' work had implications far beyond

35

the Hispanic/Latino/a community in which and out of which he did theology.

When I as an outsider—a white, middle class theologian—read Justo's work, what struck me about it was, first, his amazing grasp of the Christian tradition and message, and second—but equally—his passionate embrace of his Cuban/Latino identity. Reading *Mañana* especially, I was struck by the fact that here was a deeply authentic Christian trying to make sense of his faith so that he could live as an authentic Hispanic as well. As I wrote in 1992, González proceeds "not by starting with scripture and tradition and translating the message into Hispanic culture; nor does he start with culture and show how it dovetails with the gospel. Rather, the biblical message and theological tradition are explained by a *Hispanic person who points to the relevance of the traditional doctrines for his Hispanic community*" (Bevans, 1992, 108).

Justo González' work, in other words, to paraphrase Virgilio Elizondo in the "Foreword" to *Mañana*, is that of a scholar among scholars and a Hispanic among Hispanics—and hence the title of this lecture. In this sense, while Justo is a richly contextual theologian, his *contextual* theology has implications for a wider theology, or I should say, implications for *other* contextual theologies. While every theology is contextual, as Justo says clearly in a number of places (e.g., González and Maldonado Pérez, 2002, 29-31; González, 1990, 22), contextual theology cannot stop there. For its own enrichment, and for the enrichment of other contextual theologies, and for the good of the church catholic, a local theology needs to be in dialogue with other local theologies. Theology, in other words, besides being contextual, needs to be inter-contextual, inter-cultural, or done—as I myself have argued—from a global perspective (see Bevans, 2011).

It is Justo González' importance for such an inter-contextual, global theology that I would like to explore in this presentation. I will undertake this exploration in three moves or in three parts—the first two general, the third more personal. In the first part, I will explore what Justo González offers to the church at large as a *theologian* and *historian*. Second, I will explore what Justo González offers to the church at large as a *contextual* theologian and historian. Then, in the third part, I will explore what Justo

González offers to the church at large by sharing with you some of the ways his theology has influenced and enriched my own White Anglo attempts of doing theology and history.

Part I:

What Justo González Offers to the Church at Large as a Theologian and Historian

Several months ago now, when I was re-reading a lot of Justo's work in preparation for this paper, I went out to lunch with a great mentor of mine, Fr. Larry Nemer. Larry was my church history teacher in seminary and my colleague at Catholic Theological Union in Chicago where he taught church history for many years. Larry had moved to Australia twenty-five years ago to teach in Melbourne, and was back in the States for a few weeks. During lunch I mentioned to Larry that I was working on a paper that would talk about Justo González' importance as a historian and a theologian beyond the Hispanic/Latino/a community, and how much I was enjoying reading his work. Larry's reply, I think, frames what I want to say in this first part of my presentation. He said something like "I don't know Justo González' theological work or his work as a Hispanic/Latino/a theologian. All I know is that he is a very good, very accurate historian."

For many historians and theologians, I suspect, Justo is simply a fine theologian and historian. Period. And while I acknowledge with him that no one does theology or history in a vacuum, and while I see subtle hints of Justo's Cuban American context in what we might call his more general works, these are chock full of insights that would be valuable to theologians, students, and pastors of any contextual background. Let me name a few of these in this first section of my paper.

We might look first, and in a more general way, at Justo's two major multi-volume works, his *The Story of Christianity*, originally written in 1984 but revised and updated in 2010 (González, 2010) and *A History of Christian Thought*, revised in 1987 from the original published from 1970 to 1975 (González, 1987). These works are simply classics in the field and contain immense amounts of information that are not only helpful for beginning students—for which they were written—but are also fine guides for pastors and professors. Justo says in the Preface to *The Story of Christianity* that the work is strongly autobiographical in that it "deals with friends and companions with whom I have spent the last three decades" (González, 2010, xiii), and this is how reading him feels. It is his intimacy with the likes of Origen, Justin, Eusebius, Athanasius, and especially Irenaeus—to mention only a few—that offers a clear, sure, and for the most part unbiased guide to the theology and history of the church. The fact that *The Story of Christianity* has been translated into such languages as Chinese and Korean is ample testimony that Justo's work is appreciated and helpful to a much wider audience than United States and Latin American students.

Let me offer some concrete examples, however, from some of Justo's other theological and historical works. One of my favorites is his explanation of the nature of doctrine as the foul lines of a baseball diamond. There is no doubt that his explanation is influenced by George Lindbeck's classic work on the topic, *The Nature of Doctrine* (Lindbeck, 1984), and it may be that Justo's analogy is colored by a love of baseball that is perhaps part of his Cuban DNA. Nevertheless, his explanation is brilliant and memorable. There are no rules that tell infielders or outfielders where to stand on the field; there are no rules that say that a particular batter must hit the ball to a particular place. But all play must be within the foul lines. Within those boundaries there is an amazing amount of freedom, however; and there are seemingly infinite ways that the game can be played: a single to right field, an astounding catch at the center field wall, a stolen base off a less-than-alert pitcher, a smoking curve ball that closes out an inning—to name a few. Nevertheless, "you may hit a ball as hard as you wish; but if it is foul it is not a home run. . . . to try to play without any sense of limits, without any foul lines, would also destroy the game" (González, 2005, 6-7).

A second example is one that I had not noticed before until I re-read both Justo's and Zaida Maldonado Pérez' *Introduction to Christian Theology* and Justo's *Mañana*. Speaking about the fact that human beings are part of creation, these texts reflect on the passage in Genesis 2 in which the creation of the woman is narrated. Usually, this passage is interpreted "as affirming that the woman's purpose in life is to be a 'helper' to the man, who is her lord" (González and Pérez, 2002, 65). However, the word "helper" is the same word that the Hebrew Scriptures use to describe God as the helper of Israel, and the Hebrew word that is translated as "adequate" or "appropriate" means literally "as in front of him" or a kind of "mirror image." Later, the King James Version translates these words by the one word "helpmeet," and then "on the notion of 'helpmeet' society . . . poured all its preconceived ideas about relationships between a man and a woman" (González and Pérez, 2002, 65). But that is not what the words mean. They mean that only the woman is the proper companion of the man and point to the woman's equality rather than her subordination. The woman, in other words, according to the Genesis text, is every bit equal to the man— the word for woman is in fact the very same word in Hebrew but with a feminine ending (see also González, 1990b, 132-33). Ultimately, the resulting domination of male over female is not the original intent of the creator but rather is the result of sin. In fact, González says insightfully, God's remark that "it is not good for the man to be alone" does not just refer to the fact that he needs a wife; what it means is that, for a human being, being alone is not good. In and by himself or herself, a human being is not good. He or she is good only if he or she is in relation (see González, 1990b, 131-32).

I could offer many more examples, and in fact an earlier version of this paper did just that. But I'm sure you get the point. Let's move on to the second part.

Part II:

What Justo González Offers to the Church at Large as a Contextual Theologian and Historian

I mentioned above in passing that in reading Justo's more general works we might see subtle hints of his Cuban American heritage even though these works appeal to a more general readership. What this points to is that, like every other theologian, Justo does not ever do theology or history in a vacuum. Even when he aims at a more general readership, he is a contextual theologian, and as a contextual theologian his purpose is to enrich readers from contexts other than his own.

Let me offer two examples. First, in the Preface to the Second English edition of *A History of Christian Thought*, Justo writes about how he has become more aware, since writing the first edition of the book, of studies on the social and economic context of theology. This is no doubt due to his study and involvement in liberation theology, in particular his books *Faith and Wealth* and *Christian Thought Revisited*, both written out of his Hispanic/Latino/a context. But since this more general work is an introduction for students, he says, he only refers to economic matters in a few places in the new edition (González, 1987, 6).

Second, I found it quite refreshing that in Justo's rather general *A Concise History of Christian Doctrine* (González, 2005), he has an entire chapter on culture. This is usually not listed as a "doctrine" in such histories, and yet, as Justo develops it, it emerges as something immensely important for Christian theology in the past (e.g., the apologists in the second and third century, or de Nobili and Ricci in the sixteenth), as well as crucial for the present, with the shift in the center of gravity of Christianity from the West/North to the East/South.

In several other works, Justo writes as an unabashedly contextual theologian, rooted particularly in his Protestant, Cuban-American context. "What follows," Justo writes in the very first lines of *Mañana*, "is not an unbiased theological treatise. It does not even seek to be unbiased" (González, 1990b, 21). His perspective, he writes, is the perspective of a minority, of someone on the margins, and such a theology is important to establish one's Christian identity as a member of such a marginal minority. However, Justo talks about how his minority, marginal perspective offers more than that. It will also help not only other theologies articulated by marginalized minorities, but also theologies articulated by majorities—showing them that their theology also is a contextual theology and a product of their own biases. All theologies, Justo argues, are biased. They "involved a prejudice that is difficult for us to see, and that a seemingly more biased view will help us discover that prejudice. This is probably one of the most significant contributions that a minority perspective can make to the church at large" (González, 1990b, 21).

But Justo's theology from his Cuban-American context does more than that. His theology, as I believe does any genuine contextual theology, offers an enrichment to other contextual theologies when those theologies enter into dialogue with one another. Let me give several examples of how that enrichment could take place as Justo's contextual theology meets other contextual theologies. I have in mind here especially the enrichment that his theology can offer to Western contextual theologies such as Anglo-American or White-European theological efforts.

First, Western theologies have a lot to learn from Justo's insistence on the communal nature of Hispanic/Latino/a theology—what some have called *pastoral de conjunto* or *teología de conjunto*, or what Justo has called *Fuenteovejuna theology*. The image is based upon Lope de Vega's seventeenth century play, in which an entire village takes responsibility for executing a tyrannical *comendador*, and Justo suggests that such common responsibility is not only the way Hispanic/Latino/as do theology, but the way that theology should indeed always be done. In one of my favorite passages, Justo writes,

> [Doing theology communally] is a contribution that Hispanics can bring to theology. Western theology—especially that which takes place in academic circles—has long suffered from an exaggerated individualism. Theologians, like medieval knights, joust with one another, while their peers cheer from the stands where they occupy places of honor and the plebes look at the context from a distance— if they look at all. The methodology of Hispanic "Fuenteovejuna" theology will contrast with this. . . . It will not be a theology of theologians but a theology of the believing and practicing community. (González, 1990b, 29-30)

This communal nature of theology, and indeed of Christian life, is a theme that appears in much of what Justo writes. Summarizing a new approach to biblical hermenuetics that emerged from several years of talks at the "ethnic round table," Justo suggests that such interpretation, besides being aware of oppressive interpretations in the past and interpreting the Bible through non-Western cultures, needs a thoroughly communal approach (González, 1992, 38-39). Later in the same work, in the context of reflections on eschatology, Justo emphasizes that salvation is not something individual but communal, and that this emphasis is important in order to combat the Western "excessive emphasis on the individual" (González, 1992, 95). The only thing "not good" about "the man" in Genesis, to repeat what I referred to earlier, is that he was alone (see González, 1990b, 131-32).

Faith, too, insists Justo, is something communal. Without the church, there really can be no faith. ". . . just as someone who insists in having only eggs, and has no interest in chickens, will eventually end up without chickens or eggs, thus any who claim to believe, but not in the church, will end up without church and without faith" (González and Maldonado Pérez, 2002, 120).

Second, Western contextual theology can learn from Justo's rather constant insistence that theology is political, whether theologians are aware of it or not. In *Christian Thought Revisited*, Justo shows how Eusebius's great history of the church was an attempt to align Christianity with the empire, insisting—as did much subsequent theology and history—that the empire's persecution of Christianity was a mistake, based on false information (see González, 1999, 80-81). But was this really the case? Several emperors who persecuted Christianity, Justo says, were some of the wisest and best in Rome's history. Perhaps they saw the true implications of a carpenter who was unjustly condemned to death, of his vision of the Reign of God, of his siding with the poor. Perhaps they saw the threat of Christians who were pacifists and refused military service and obeyed laws that they believed were higher than those of the Roman state (González, 1999, 81-82). Justo quotes Robert Wilken: "The Christian movement was revolutionary not because it had the men and resources to mount a war against the laws of the Roman Empire, but because it created a social group that promoted its own laws and its own patterns of behavior" (Wilken, 1984, 119, quoted in González, 1999, 82).

This political, even revolutionary, perspective lies at the base of one of Justo's most important methodological insights: that the Bible (and I would say theology as well) needs to be read "in Spanish." What this means is much more than reading the Bible or the Tradition from a Hispanic perspective. It means above all to read these sources politically, to read them "in the 'vernacular,' not only in the cultural, linguistic sense but also in the socio-political sense" (González, 1990b, 85). It means to do theology "beyond innocence," recognizing the violent history within the Bible itself, within Hispanic/Latino/a history, and within European and American history as well. It is "part of our responsibility as Hispanics," Justo writes, "not only for our sake but also for the sake of other minorities as well as for the sake of the dominant group," to "constantly remind that group" of the many "guilty items that one may be inclined to forget in an innocent reading of history" (González, 190b, 79-80). Christian faith, in sum, is political faith. Even such a seemingly abstract act as having faith in God as Trinity is a commitment to action. ". . . we would do well to set aside interpretations that see it in purely speculative or metaphysical terms and seek to discover, to imitate, and to apply to our societal and ecclesiastical life the love of the Triune God" (González, 1990b, 115). These convictions, coming from deep within Justo's own context, need to speak to other contexts as well.

Third, let me touch briefly on Justo's understanding of sin and its importance for theology beyond his own Cuban-American context. In the first place, insists Justo, we must not confuse sin with crime, even though the interests of the state try to invest civil laws with religious authority. According to the Law, Jesus was justly condemned, as were Christians who disobeyed Roman laws, and Martin Luther King, Jr. broke many laws (González, 1990b, 134). Secondly, we need to be wary of an "over sexualization" of sin. There are at least as many laws in the Bible about property rights as there are about sexual transgressions, "and yet we hear very little in the church about the misuse of property" (González, 1990b, 135). Moreover, such "sexualization" of sin leads to its privatization, resulting in the fallacy that sin is something between the individual and God, rather than a violation of our "for-otherness," dominating and oppressing others (González, 1990b, 137). In the third place, we must be aware that sin is *allowing* others to dominate—"a temptation," Justo says, "for all oppressed groups" (González, 1990b, 137), including women and Hispanics. In this sense, sin is a refusal of people to be "others"—"by not demanding the for-otherness of those who are in positions of power and privilege" (González, 1990b, 137).

Such an understanding of sin, it seems to me, is a rich and fresh one, a powerful restatement of the tradition out of a context that has experienced oppression in many subtle and not so subtle ways. Once more, its importance goes beyond the Hispanic/Latino/a community.

Part III:

What Justo González Has Contributed to the Church at Large Through My Own Theological Work

I have greatly profited from Justo's historical and theological writings in my own historical and theological work. Without his wisdom, my own relatively small contribution to history and theology would be very small indeed. In this final part, let me lift up three particular contributions that Justo has made to my own thinking.

Perhaps I have profited greatest from Justo's great insight that there are three basic "types" of theology in the church's history: a more legal approach that he calls Type A, a more abstract and academic approach that he calls Type B, and a more pastoral approach that he calls Type C. I have assigned *Christian Thought Revisited* (González 1999) in my classes of introduction to theology, and the students have raved about it. These three types were also incredibly helpful in Roger Schroder's and my book *Constants in Context*, in which we applied Justo's categories to six basic "constants"—Christology, ecclesiology, eschatology, salvation, human nature, and culture—in the history of the church's mission. Justo was gracious enough to write a Foreword for the book and explained in more detail the genesis of the types from his own teaching experience. (Bevans and Schroeder 2004)

Secondly, in writing a short history of theology in global perspective as part of a larger introduction to theology, Justo's work has been absolutely invaluable. Especially, his *History of Christian Thought* has been a sure guide to primary documents as well as a clear explanation of complicated controversies and developments. Like many other scholars, as I've said above, I have profited from Justo's wisdom, wit, and wonderful familiarity with the great theological figures of the past.

Finally, ever since I attended two of Justo's three Zenos Lectures many years ago at McCormick Theological Seminary in Chicago I have been clued into what I've called the "New Church History" that he and several other scholars—such as Dale Irvin, Scott Sunquist, Lamin Sanneh, Andrew Walls, and Wilbert Shenk—have advocated. Justo's wonderful description of contemporary church history as using a new cartography (including Latin America, Africa, and Asia), a new topography (moving away from an exclusive "orography" of big events and powerful people), and a new understanding of "continental shifts" (recognizing that the evangelization of the Americas might ultimately be more important for Christianity than the Reformation) has truly revolutionized my thinking and writing.

Conclusion

In preparing this paper I re-read a good number of Justo's works and filled a good number of pages with notes and quotations from them. Were I to do full justice to my topic, those notes would have been the basis for a much longer and therefore richer reflection than I have been able to present here. I marvel at Justo's ability to connect heresies like Gnosticism and Marcionism with issues in the Hispanic/Latino/a community and the contemporary wider church (see e.g., González, 1990b, 80-83). I love the way he is able to help Hispanics and others expose what happened in 1492 as the beginning of Western domination and expansion, and yet call people beyond that "false" discovery to a "true" discovery of the essential catholicity of the church (see González, 1992, 14-15). Virgilio Elizondo described Justo so well: he is truly a scholar among scholars and a Hispanic among Hispanics (Elizondo in González, 1990b, 9). His work indeed provides a great legacy to the church at large.

Works Cited

Bevans, S. (2011). *A Theology for the Ephesian Moment*. Anvil 27. 2 (November): http://anviljournal.org/174.

Bevans, S. and Schroeder, R. (2004). *Constants in context: A theology of mission for today*. Maryknoll, NY: Orbis Books.

González, J. L. (2010). *The story of Christianity* (two volumes). New York: HarperOne.

González, J. L. and González, C. G. (1980). *Liberation preaching: The pulpit and the oppressed*. Nashville, TN: Abingdon.

González, J. L. and Maldonado Pérez, Z. (2002). *An introduction to Christian theology*. Nashville, TN: Abingdon.

Lindbeck, G. (1984). *The nature of doctrine: Religion and theology in a post-liberal age.* Philadelphia: Fortress Press.

Wilken, R. L. (2003). *The Christians as the Romans saw them.* (New Haven: Yale University Press).

_____ (1987). *A history of Christian thought* (three volumes). Nashville, TN: Abingdon.

_____ (1990). *Faith and wealth: A history of early Christian ideas on the origin, use, and significance of money.* San Francisco: Harper and Row.

_____ (1990b). *Mañana: Christian theology from a Hispanic perspective.* Nashville, TN: Abingdon Press.

_____ (1992). *Models of contextual theology.* Maryknoll, NY: Orbis Books. (Revised and expanded version, 2002).

_____ (1999). *Christian thought revisited: Three types of theology* (revised edition). Maryknoll, NY: Orbis.

_____ (1992). *Out of every tribe and nation: Christian theology at the ethnic roundtable.* Nashville, TN: Abingdon Press.

_____ (2002). *The changing shape of church history.* St. Louis: Chalice Press.

_____ (2005). *A concise history of Christian doctrine.* Nashville, TN: Abingdon Press.

_____ (2009). *An introduction to theology in global perspective.* Maryknoll, NY: Orbis Books.

Images and Metaphors of a Theological Endeavor:

Justo González' Contributions to "How to Do, Teach and Communicate Theology" A Latino/Caribbean Perspective

Carlos F. Cardoza Orlandi, Ph.D.
Professor of Global Christianities & Mission Studies
Perkins School of Theology, SMU

Introduction

I want to express my appreciation to AETH, Mr. Stan Perea, Director of the AETH and Fernando Cascante, Director of the Justo González Center, for this wonderful and challenging opportunity. As a person trained in historical and mission studies, I am comfortable researching and writing about those whose legacy continues among us well after they have completed their work and life journey. However, my task in this essay is to provide insights and perspectives into the work of a colleague who is among us today. Such a task is not as easy as the title sounds, and I want to share with you my own limitations for this paper.

To research Justo's monumental publishing record is almost impossible. Over 100 books with hundreds of essays and articles in many languages, with public lectures and presentations all over the world, and most recently with audio and visual recordings, the task requires a team of researchers. Moreover, Justo's work is interdisciplinary. Worldly recognize as one of the most read and important Church History scholars, *he has fun* crossing over to Biblical studies, Ecumenics, Homiletics, Mission, Liturgical and Worship studies, and Theology. Scholars in these disciplines critically engage his work and use his resources in class—proof of academic recognition, and in most cases, a tribute to his contribution in their fields.

Justo's contribution to Latina/o theological reflection is critical and has global implications—see my colleague Stephen Bevans' essay in this collection. But, it needs to be re-visited, particularly in the context of this Center. Revisited because this is not the first event where Justo's theological contributions are discussed and published. The most recent publication on Justo's theological legacy is the 2005 Abingdon Press book *Hispanic Christian Thought at the Dawn of the 21st Century: Apuntes in Honor of Justo L. González*, edited by Alvin Padilla, Roberto Goizueta, and Eldin Villafañe. This anthology illustrates Justo's contribution to Hispanic/Latina/o theologies in the fields of Bible, history, theology, and pastoral theology. Scholars from these disciplines identify Justo's theological insights to their academic work and critically discuss Justo's insights and proposals. Some also celebrate Justo's generative research and perspectives in the scholars' vocational discipline.

For the purpose of this presentation, however, I want to make a strong connection between Justo's legacy to Latina/o theological reflection and the life of Christian communities focusing on the 20/20 Vision of the Justo González Center which states that the Center seeks to develop "leaders to radically transform the church and the Hispanic/Latino community in the U.S., Puerto Rico and Canada, contributing to their vibrancy, health and growth."[1] The vision is upheld by two main tasks: first, to be a "centralized resource for Hispanic/Latino ministries," and to address the need for accessible and affordable Latino-focused and Latino relevant theological resources."[2]

To ground Justo's legacy to the Latino/Hispanic theological reflection with the purposes of the Center, I want to suggest the following guiding questions (1) *How does Justo's interdisciplinary*

---

1. See http://www.thejustocenter.org/#!
2. See http://www.thejustocenter.org/#!about-us

*theological scholarship illustrates Latina/o Christian communities'
theological reflection?* And (2) *How Justo's interdisciplinary theological
scholarship generate an agenda for the theological reflection in Latina/o
Christian communities?* I like to see these questions as "two sides
of the same coin." Justo's work is characterized by a generative
relationship between "what's happening?" and "what should
happen?" in the life of our Christian communities. Justo is a
dialectic theologian, seeking a synthesis between vibrancy and
growth, and relevant theological preparation and formation.

Therefore, this paper is not a synthesis of Justo's theological
work—this would be an impossible task to do in this short time,
and perhaps in books. I am not going to discuss Justo's range of
theological methodologies and theological nuances either. Rather,
I am going to answer these questions using images and metaphors
of Justo's theological legacy for our communities. These images
and metaphors provide meaning to Justo's contribution in "How
to do, teach and communicate theology."

Justo does theology with a particular framework. In my
opinion, he follows a framework similar to Irenaeus theological
outline—one that is deeply historical and eschatological. Justo's
framework calls for theological reflection to be *un testimonio—a
testimony, historical, experiential—and una esperanza—*a proposal of
expectation and hope.[3] And I must remind our readers that one of
Justo's favorite theologians is Irenaeus.

Latina/o/Hispanic Schools of Theological Thought—a Brief Overview

During my Ph.D. studies at Princeton Seminary my mentor, the
late Alan Neely, allowed me to work in his office. At that time,
Neely's office was door-to-door with Daniel Miglorie's office.
Migliore, one of the most distinguished Reformed theologians
at Princeton Seminary, knew that I worked at Neely's office.
One day he knocks and remarks: "I am currently reading Isasi-

---

3. Steven Bevans, in his most recently revised book on Models of Contextual
Theology, identifies Justo's contextual theology with what Bevans calls the
transcendental method. I believe that this binomial of *testimonio* and *esperanza* fits
Bevans description of Justo's theological method.

Diaz' book *Mujerista Theology*. I have been reading González' *Mañana* and Elizondo's *The Future is Mestizo*. Would you help me understand what is going on here?" Being pleasantly surprised by the fact that Migliore was reading *our stuff* and a little *confused* by his question, I took the courage and replied, "well, have you read Orlando Costas' *Christ Outside the Gate*? I am sure that a mission studies scholar will settle all doubts and you will really get what is going on in our theological milieu! After almost twenty years of Migliore's question, I think I could attempt to bring some "explanation" to the diversity of Latina/o-Hispanic theological voices. The fact is that Justo's legacy for Latina/o-Hispanic theological reflection is part of what I call the five schools of Latina/o theological thought. This is not the place to discuss in detail these schools and how they emerged or their theological methodologies.[4] This is a project worth of more research. But, in order to have a general picture of the Latina/o Hispanic theological context for Justo's theological reflection, a brief commentary on the schools of thought is necessary. There are 5 common components or characteristics shared by these Latina/o-Hispanic theological schools of thought.

    (1) These schools are identified by a professional theologian and theologians engaged in academic theological reflection;

    (2) they are in a similar time-line continuum and emerging out of the vitality of Latin American Liberation Theologies, perhaps from the late 1970s to the present;

    (3) they represent diverse theological perspectives within a tradition and between Christian traditions;

    (4) they do theology from the underside and have different views of the relationship between gospel, world, and church; and

    (5) they seek dialogue between themselves, yet they claim their own methodology with different theological and ethical implications.

    The four schools I have identified are the following:

---

4. There are a number of books which have collected and analyzed the theological diversity among Latina/o-Hispanic theologians. The editors and authors do their analysis either by selection of themes, authors or methodology. The list is abundant, and to name some would do injustice to the others.

1. The late Orlando Costas *urban mission* school of theological thought;
2. The late Ada María Isasi-Diaz *mujerista* school of theological thought;
3. The Virgil Elizondo *mestizaje* school of theological thought;
4. The Orlando Espín *popular religion and theology of religions* school of theological thought; and
5. The Justo L. González *ecumenical* school of theological thought.

As you can see from the diagram below, these theological schools feed each other. Their vitality is sustained by their cross-fertilizations, or to use a Latino/a-Hispanic term, from doing *teología en conjunto*.[5] But *teología en conjunto* does not mean an orderly systematic theological program or discourse. In fact, *teología en conjunto* generates tension and diversity, which potentially provides more questions and issues to do theological reflection. Migliore's perplexity is legitimate when he is discovering tensions in a cacophony yet intuitively harmonious Latina/o-Hispanic theological discourses.

Some of those generative tensions are illustrated by the following examples. For Latina/o identity *mestizaje* has been and continues to be a theological category for theological and religious reflection. But *mestizaje* runs the risk of marginalizing the category of *mulataje* which would include the African ancestry as a source for theological reflection for Latina/o/Hispanic theologians. Regarding gender issues, Isasi-Diaz' *mujerista* theology claims a voice for women's issues, religious experience, and theological reflection which has been at best marginalized and at worse ignored by the other schools. Hence, *mujerista* theology opened theological reflection to multiple ways of oppression, and similar to African-American *womanist* theologies, extended an invitation to men to participate in men's liberation by way of women's liberation. *Mujerista* theology is among the first to intentionally engage other women's theological discourses. Isasi-Diaz'

---

5. One of the first resources addressing the theme of *teología en conjunto is entitled Teología en Conjunto: A Collaborative Hispanic Protestant Theology* edited by José David Rodriguez and Loida Martell-Otero, (WJK, 1997). Most of the work published by Orlando Espín is collaborative in nature, with anthologies addressing different types of themes in theology and latina/o studies.

theological agenda included a cross-cultural theological and epistemological perspective that she was not able to fully develop given her premature death.

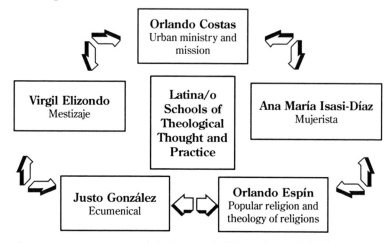

Moreover, there are not only tensions between the schools, but also within the schools. *Mujerista* theology faced a strong critique from Protestant/Evangelical women who wanted to claim a *mujerista* theological grounding, but were at odds with Isasi-Diaz' and her peers reflections on the role and interpretation of the Scriptures (Martell, 1994). More recently, the issue of liberation has become a point of contention. For example, Latina/o Hispanic aesthetic theologians claim liberation by way of contemplation and spiritual renewal, emphasizing a sacramental contemplative theological reflection and practice of resistance. Others continue to affirm an actively participatory political theology with a strong prophetic demand claiming socio-economic transformation. Some see the aesthetic theological proposal as a dangerous move that could continue to legitimize oppression. So, what generates liberation? Beauty and resistance or militant prophetic participation?

In my experience as a teacher and an executive board member of the Hispanic Summer Program (HSP) I have witnessed the interesting dynamics between these five schools. The HSP offers a variety of courses with different theological and ministerial perspectives. In fact, anyone in the HSP recognizes the theological diversity, yet might not be able to identify its multiple sources. Certainly, at the HSP one could easily identify these five schools and their variations and interactions by looking at the faculty, the materials used, and the pedagogical methods employed. Interestingly, however, the HSP, who one of the founders is Justo González, is one of the most ecumenical environments in theological education in the United States.[6] Yet, in its by-laws it is clearly stated that chapel services will not have any sacramental celebration—which in the context of the HSP translates to no baptisms or Lord's Supper. At the core of these theological endeavors we discover a paradox: the intuitive harmony and the human and theological differences within the experience and theological constructs of these Latina/o Hispanic schools of thought. Consequently, any attempt to homogenize Latina/o theologies would be an act of injustice and true ignorance. Our theological endeavor is truly diverse!

Justo's legacy to Latina/o Hispanic theological reflection is part of this creative company of theologians deeply committed to theological reflection and the life of Latina/o-Hispanic communities. He does *teología en conjunto*. And yet Justo develops his own theological preferences—ecumenical and multi-confessional in nature—to the point where he also has a significant number of theological students who emulate his work—students at all levels of theological instruction and formation.

Our guiding questions above seek to identify Justo's contributions to theological reflection. I want to answer our guiding questions using three images and two metaphors which synthesize my interpretation of Justo's contribution to "how to do, teach, and communicate Latina/o-Hispanic theologies." I offer an image/metaphor of his theological task as a communicator of theological reflection and a brief example of how his work fits the image/metaphor.

As I indicated earlier, Justo's theological framework is a dialectic between *testimonio*—experience and history—and *esperanza*—expectation, hope, and eschatology. So, how does Justo do, teach and communicate theology? What do we need to learn from Justo's theological reflection that contributes to the Center's vision and programmatic agenda—to provide sound, relevant, and accessible theological resources to transform Latina/o-Hispanic Christian communities?

---

6. Zaida Maldonado-Perez' essay in this collection further explores the ministerial contributions of Justo González and discussed the role of the Hispanic Summer Program.

Images and Metaphors of Justo's Theological Endeavor

Let me share with you my theoretical grounding for this task. In her book *Teaching to Transgress: Education as the Practice of Freedom*, bell hooks, one of my most beloved mentors states,

> When our lived experience of theorizing is fundamentally linked to processes of self-discovery, of collective liberation, no gap exists between theory and practice. Indeed, what such experiences makes more evident is the bond between the two—that ultimately reciprocal process wherein one enables the other. (1994:.61)

She strongly persuaded me to understand that "... [A]ny theory that cannot be shared in everyday conversation cannot be used to educate the public." (1994:69)

Consequently, my images and metaphors of Justo's theological contribution are common to most of us, and they play a significant role in many of our lives. They are simple images and metaphors, yet I believe they strongly suggest what Justo has given us: a challenge to do theology with the best possible scholarship, grounded in our particular communities, and with the contagious excitement and joy that are communities experience when praising God.

Justo's theological reflection resembles the image of a *router* or the metaphor of an *interpreter*. A router has the unique function of receiving signals, filtering wavelengths, and facilitating, accessing and limiting sources of information for many devices. Routers are designed to receive all kinds of wavelengths, and yet they transmit wavelengths in ways that each device can use. Routers, like magnets, attract every wavelength of energy; yet, routers accommodate and reconfigure frequencies in order to transmit and make available connections.

Interpreters have the unique gift of communicating meaning across cultural symbols and languages. The best interpreters communicate meaning by using what people already know as a source for new knowledge. Interpreters receive and transmit in a time and space of in-betweeness: receiving a culturally coded meaning, making sense of it by decoding and constructing it with a different cultural code, and transmitting a meaning in different terms.

Christian eschatology is not an easy theological subject. Many of our Latina/o Christian *evangélicas* communities inherited a milleniarists theological position making our people vulnerable to eschatological manipulation, an escapist attitude, a denial for human participation in community and world affairs, and control by fear. Others in our communities seem to be clueless about eschatology being vulnerable to theologies of fear, *status quo*, and indifference to personal and communal change. Despite these differences, most of our Latina/o Hispanic Christian communities have a unique curiosity for eschatological speculation and ethical questions. There is hunger for eschatological reflection. Regretfully, the *testimonio* of our Christian communities is overwhelmed with other-worldly expectations which usually become a source for ignorance, abuse, and oppression. The eschatological question in our communities shapes the way we live in our communities. A truncated eschatology translates into a truncated daily life.

Justo, fully aware of our communities' *testimonio*, our communities' truncated eschatology and life, shares his *testimonio* and *esperanza* providing a strong Latino/a eschatology, like a router/interpreter, at multiple levels. His commentaries on Acts and Revelations provide a scholarly interpretation frequently quoted in biblical commentaries, theological treatises, and practical theology sources, particularly in the fields of homiletics and Christian formation. Moreover, his now famous and widely read lay biblical commentaries *Tres meses en la escuela de... Patmos, Mateo, Lucas, Pablo, etc.* (Three months in the school of...) provide the equally sophisticated theological reflection of the scholarly commentaries to lay people.

Justo's theological reflection is deeply communicative, just as a router and an interpreter are agents of multilateral and multidimensional communication. His eschatological theology, shaped by his formation and passion as a historian of Christian thought, is channeled in different wavelengths, for academicians and for our lay people, challenging the ethical testimonio of our communities and restoring *esperanza* by keeping the other-worldy and the inner-worldly expectations and experience in tension. As a *router/interpreter*, Justo's eschatological theology harmonizes the different wavelengths of the "here" with the "but not yet" paradox: "The time has come... the Reign of God is near"—let's live accordingly and expect the unimaginable.

Justo's "how to do, teach and communicate theology" resembles the images of *memory cards and storage software*. These devices preserve and retrieve lost data. Software in memory cards makes them accessible to all kinds of devices. For example, a cell phone memory card storages data that can be used and transferred to a computer, a camera, a printer and most other devices. It is a software that "makes available" data. It is a technology component of availability

Many of our Protestant *evangélica* and Pentecostal Latina/o Hispanic Christian communities assume that Christian history is the Scriptures. Faith is usually understood as an individual experience—it is about *my* Christian experience. Christian history is usually divided in three stages: the life of Jesus, the conversion or renewal experience of a Christian leader—Luther, Calvin, Wesley, a local Spirit-anointed spiritual leader—and my conversion experience and/or personal piety. History, in most cases, is so selective that it becomes flat!

Justo believes that history is now, history is alive! A good historian is recognized by two factors: by the art of selecting materials and by the ability to connect these materials to context. Justo's historical work weaves these two factors. Equally important, Justo's theological reflection makes history theological—it makes history a theological imperative.

My father, an 85 year old charismatic Presbyterian—yes, they do exist!—knows more church history than many of the students I have taught for more than 20 years. He has read Justo's *Historia del Cristianismo, Bosquejo de historia de la iglesia,* and constantly checks the *Diccionario de Teólogos* for his Sunday School classes. But more than just information, my father has steadily learned to relate these stories with his daily life and the lives of his sisters and brothers in Sunday School and church. He has also discovered material that enriches his Reformed tradition and grounds his charismatic experience. For instance, he discover Martin Bucer (1492-1551) and his deep spiritual and ecumenical inclinations, a testament to his own identity as a charismatic and ecumenical Presbyterian—a rare combination in the Western Reformed imagination! My father is learning this important theological skill and grounding his Christian identity by discovering how history and theology shape each other. Justo's writing works as a memory card and storage software intuitively making available not only historical information, but providing "data" that teaches how to retrieve history in a way that weaves with theology. My father discovered that his faith is not isolated or is limited to the three stages of history I named above. He is a member of a community of faith in the *continuum* of the Spirit.

Justo's "*memory card and storage software* historical theological reflection" makes available resources to address challenges in the lives of our communities such as (1) our relationship with the dead and the world of the spirits; (2) prosperity theologies and practices with issues of wealth and faith; (3) theological and spiritual formation; (4) the implications for our churches given the demographic shift in the Christian religion; (5) women in ministry and in historical studies; (6) interpretation of Christian Scriptures; and (7) the nature of worship and worship leadership (over against a celebrity-type style of worship leadership). These are some of the issues where we need to find our memory card and storage software in order to make available resources that will help our communities of faith discover the great cloud of witnesses who have preceded us—in our troubles and hopes.

Justo's "how to do, teach and communicate theology" resembles the images of bridges. Bridges are crossways in tension. Architecturally, tension is found within the structure of the bridge and outside the structure of the bridge—at its pillars and ending points. Foundation is crucial in the engineering of bridges. To the naked eye, bridges are resourceful, make transportation easier, and they can be impressive. To the scientific eye, beauty, design and constructions create a space between spaces; bridges sustain people and things as they move from one place to another.

One of the most amazing bridges is "The Wind and Rain Bridge" of Chengyang, China. An inscription of this picture in the internet explains,

> "The wind and rain bridges were a type of bridge built by the Dong people in China. Because they live in the lowlands and the valleys with many rivers, the Dong people are excellent bridge builders. They are called "wind and rain" bridges because the covered bridges not only let people cross the river, but also protect them from the elements."[7]

---

7. http://pinterest.com/pin/136656169912564969/

The term Latina/o Hispanic is deceiving. We are such a diverse people. I am a member of a congregation whose pastoral staff is an Anglo with a Latino heart and soul, an Ecuadorian and Puerto Rican female pastors, a female Salvadorian project manager, a lesbian Mexican-American who works with the grounds and building, and a congregation of children, youth, adults, and elderly who represent many versions of the Spanish language, different sexual orientations, different social classes, different styles of worship, and different religious backgrounds. And this sea of diversity which requires unique navigational skills is deceitfully covered by the term Latina/o Hispanic.

Justo's theological *testimonio* is both a bridge between other communities and between our own communities. His book *Out of Every Tribe and Nation* offers a theological exploration on diversity as an intrinsic characteristic of the gospel and a dialogue regarding ethnic diversity, prioritizing marginal groups in the United States. The book has a personal touch holding the tensions of ethnic diversity, distributing the tensions among the groups, keeping a strong safety net that can sustain this dialogue, and providing a safe location for the dialogue to flourish. Moreover, in his *The Changing Shape of Church History* he offers a historical, theological, and ecumenical exposition on the implications of the changing centers and demographic shift of Christianity as its growth and vitality is in Africa, Asia, and Latin America. In particular, his discussion on the controversy between syncretism and sectarianism questions the frequently Western bias against the former and challenges the world Christian communities to resist the latter—he confirms his vocation as an ecumenical and multi-confessional theologian.

Justo's joint work with Catherine on spirituality, worship, and homiletics[8] also crosses Christian traditions. Their resources bridge the differences highlighting what is Christian, rather than what is Presbyterian, Catholic, Pentecostal, etc.

Justo also offers a bridge between our diverse Christian traditions. Justo, I believe, is one of two Protestant theologians

8. See *Liberation Preaching: The Pulpit and the Oppressed* (Abingdon 1980); *Heretics for Armchair Theologians* (WJK Press, 2008); *Revelation [electronic resource]* (WJK, 1997); *Vision at Patmos: A Study of the Book of Revelation* (Abingdon, 1991); *In Accord: Let us Worship* (Friendship Press, 1991); and others.

who received the Virgilio Elizondo Award given by the Academy of Catholic Hispanic Theologians of the United States. The award honors an individual "for distinguished achievement in theology, in keeping with the mission of the Academy." The other Protestant recipient was Daisy Machado, current Dean of Academic Affairs at Union Theological seminary in New York. As director of HSP, Justo, with other Protestant and Roman Catholic colleagues, proposed a course for Protestants on Latino Roman Catholic Theology and for Roman Catholics on Latino Protestant theologies. The courses were a success!

Bridges are also, as explained above, a safe place. They are objects of cross winds and weather phenomena. They can be dangerous places in times of unstable weather. Yet, like the wind and rain bridges of the Dong people in China, Justo's theological reflection provides a place where healthy boundaries are discerned, discovered, and established. Justo's theological reflection serves as an alert call to the winds and rains of our times. His *Heretics for Armchair Theologians*, another example of *router/interpreter* and *memory card storage software* theological reflection, illustrates not only who are the heretics, but suggest to the reader how heresy develops and how difficult it is to make theological decisions within traditions. This small, but entertaining and informative book is a bridge that recognizes the vulnerable and contextual character of theological reflection—an example of how demanding and discerning is to do, teach, and communicate theology.

The image of a bridge points to my previous discussion of *teología en conjunto*. Justo is a bridge in the task of doing teología en conjunto. I indicated earlier that Justo's theological reflection is similar to Irenaeus dialectic between *testimonio* (testimony) and *esperanza* (hope). His *testimonio of teología en conjunto* is strongly documented in his collaborative projects in different theological disciplines. Yes, he has many books of his authorship. But he also has many co-authored books which challenge the codes of academic ranking and offer inter-generational perspectives. Perhaps one important by-product of his bridging theological endeavor is that it shows that Justo is willing to learn.

Justo's "*bridge-image* of doing, teaching, and communicating theology" lifts the theology of the body of Christ, the character of living together and struggling together, and the promise of *una esperanza* that all the people of God, from every nation and in their own tongues, will come together to praise God.

When the Metaphors and Images Fall Short...

There is no doubt that Justo González is one of the best communicators of theological reflection in the world. His books have been translated into many languages. In fact, he is considered the most read historian of the Christian church in the world. As a Latino theologian and historian, Justo's work is multifaceted—available to and appropriated by different audiences in the life of our Christian communities.

However, most of Justo's work falls in the domain of what I call the "world of ideas." Many of his theological proposals do assume an idealistic, almost trans-contextual character. Frequently, Justo's work, deeply biographical and contextual, encourages a contextual and political theological methodology, yet his proposals flow in a Western ethos of "the best argument wins all." In both my readings of his work and my personal conversations with him, I discover that what makes the difference for Justo in this Western ethos of "the best argument wins all," is twofold: (1) theologically, Justo's work is grounded in eschatology and he knows he does not have the final word in this journey of faith; and (2) Justo is a kind human being with a spirit of gratitude and friendship. His kindness, friendship, and nourishing spirit resists and prevents him from falling in the trap of this Western competitive ethos. Hence, he embodies *teología en conjunto*.

There is one more image that captures Justo's doing, teaching and communicating theology. The image is that of creation praising God!

Justo is not only one of my mentors, Justo is my dear, dear friend. Justo and Catherine are grandparents to our children. My eldest son, who lives in Decatur, has a home in Justo and Catherine's home. When we left to Dallas, Carlos and Juan found "home" at the González household. Love, care, conversations... and food, yes food, for two growing men, is the gift that continues to give for our family whether in Decatur or in Dallas. Carlos and

Juan took their girlfriends to Justo and Catherine's home before Lizzie and I met each of them! If this is not family, what is?

This closeness allows for a lot to be seen. I see something wonderful to be emulated: Justo rejoices in his vocation as a theological educator! He loves to party, and Catherine and him can party a lot! When I tell Lizzie that I am traveling to a meeting, the first question she asks me is who is going. When I answer "Justo" and/or some of our common friends her reply is: "You are not going to work, you are going to have fun!" I always wonder what Catherine says when Justo is traveling to a meeting, or whether he even tells her who is going to the meeting.

Justo rejoices! And it is contagious. And this brings me to my final image/metaphor: Justo's theological reflection is joyful! Justo's *testimonio* and *esperanza* carries a fun and joy in a way that resembles what Rubem Alves called *teología como juego* (theology as play). His joyful theological reflection is projected in his worship literature and resources. These do not compare in quantity with his more academic and ministerial genre as a historian and theologian, but they offer a window to a deeply sensitive and joyful good man. Alves states that biography and theology go together (Alves, 1982). Justo's joy comes from an experience of a supporting wife and colleague, supporting family and friends, and a grateful heart to Jesus Christ and to the power of the Holy Spirit.

Let me share a short story that illustrates why Justo rejoices! Justo was returning from mainland China to Hong Kong when the landing flaps of the plane failed to work. Every time the pilot attempted a landing, the plane lost stability with the only other option to increase acceleration and go into take-off mode.

Chronos may determine our schedules, but *kairos* shapes our lives. In Puerto Rico, a Pentecostal denominational leader was awakened by the Spirit. The Spirit warmed her heart for prayer for Justo's well-being.

The pilot attempted landing three or four times—and the Pentecostal leader is praying. Finally the pilot informed the crew and passengers that they were going to land at over 400 miles per hour, which meant that the landing gear could break—and the Pentecostal leader is praying. So they went into what could possibly be Justo's last trip—and the Pentecostal leader is praying.

When Justo shared with me this story, I had just arrived to Columbia Seminary. As he shared the story with me I could see his eyes shining and a big smile... How could this man tell me a story of imminent death and be joyful?

I still remember his face—and Catherine's—when he told me that the Pentecostal leader who was praying for him was praying at the exact time when Justo was going through his odyssey. When biography is shaped by a *testimonio* of life, the *esperanza* is joyful, and life is incredibly and exceedingly jubilant!

Justo's joyful doing, teaching and communicating theology is a bloodline to discover the joy of the Spirit in our theological vocation. His *testimonio* is joyful friendship and support. His *esperanza* is that one day all of our people, all of creation, may experience the eschatological yet intuitively imaginable Joy of the Spirit—life abundant. His work is a testament to all of us in this theological vocation: we are call to make theological formation accessible, exciting, and challenging to our Christian communities today and tomorrow.

Works Cited

Alvin Padilla and others, 2005. *Hispanic Christian Thought at the Dawn of the 21st Century: Apuntes in Honor of Justo L. González.* Nashville, TN: Abingdon Press.

Bell Hooks, 1994. *Teaching to Transgress: Education as the Practice of Freedom.* London: Routledge.

Loida Martell-Otero, 1994. "Women Doing Theology: Una Perspectiva Evangélica," *Apuntes* 14.3, Fall.

Rubem Alves, 1982. *La teología como juego.* Buenos Aires: Ediciones Aurora.

"Justo: His Legacy of Forming Hispanic/Latina-o Leaders"

Zaida Maldonado Pérez[1]

Six Degrees from ~~Kevin Bacon~~
Justo González

Most of you have heard of the "small world phenomenon" best known today as "six degrees of separation" especially popularized by John Guare's play and the 1993 movie of the same name. The theory states that there are only "six degrees of separation" between one person and any other on the planet. Detractors call this an "urban myth". I think, however, that this is because proponents focused on Kevin Bacon instead of Justo! OK, perhaps I exaggerate. Nevertheless, I am certain that most of us here today can trace our connection to "so and so" from such and such a seminary, church, Bible Institute or other religious institution in Pittsburg, Puerto Rico, New York, California, Venezuela, Ecuador, China, Korea, Brazil or the Netherlands through our network fulcrum—Justo L. González. Well before Kevin Bacon conceived of the organization sixdegrees.org to bring "social conscience to social networking" Justo González was doing it. Indeed, this kind of networking for deep-rooted

1. The bulk of this paper was presented at the October 20, 2012 conference in Orlando, FL honoring Justo L. González's legacy. I am grateful to Justo and Catherine for allowing me to "pick their brains" concerning data on the programs mentioned in this paper.

and sustained change is among Justo's greatest legacies to our communities, both in academia and in the church at large. We have all benefitted from his networking. To the rest of the world, Justo is known for his writings, but most of us know Justo for transforming theological education. The recent browning of academia and its new Latino "accent" is indebted to programs to which he dedicated himself, programs like the Hispanic Summer Program, the Hispanic Theological Initiative, and the *Asociación para la Educación Teológica Hispana* (the Association for Hispanic Theological Education), better known as, AETH. ¡*Gracias*, Justo!

Here, I focus on Justo's legacy to the formation of Hispanic/Latina-o Leaders. The on-going nature of this legacy renders my presentation incomplete. Others will have to add their own voices. I am mindful that Justo himself would not want himself to be presented as being larger than life. Referring to biblical history as a "history beyond innocence," Justo himself reminds us in his book *Mañana* (1990:77) that the "only real heroes are the God of history and history itself, which somehow continues moving forward even in spite of the failure of its protagonists." He has never desired accolades for anything he does. His "Fuenteovejuna, *todos a una*" model reminds us that any commendation belongs to all who, in big and small ways, have contributed to making a difference in the life of the academy and the mission of God's church. That said, this brief time is not nearly enough to capture the essence of Justo's ongoing legacy. To riff off the words of the apostle John about Another, "there are also many other things that [Justo] did. Were every one of them to be written," ...I suppose we would be here for many hours and so, for now, this condensed appraisal will have to do.

Envisioning and Creating Change: The HSP, HTI, and AETH Programs

We know that the world is a global network: whatever we do reverberates across that network, often having important implications at the global level. This makes cooperation and sharing resources, at times, a matter of life or death. The programs that Justo has engendered have brought life where death threatened to take hold. His networking skills and his life-long modeling of a theology of abundance that is based on the belief that 'the more you share the more there is to go around,' have done more than just reverberate across the land; they have created change in both the Americas and in other parts of the world. For proof, you have only to consider the many languages into which his books have been translated or follow the myriad of pathways trekked upon, or cleared out for others to follow, by scholars, pastors and lay leaders that have benefitted from programs that Justo was a catalyst in fashioning. In his book, *The Changing Shape of Church History* (2002:7-32), Justo refers to the changing topography in church history. Truly, changes and meanderings in the new landscape owe much to this brother's commitment and holy tenacity. That difference is called María, Nora, Miguel, Juan; it is called the Hispanic Summer Program, the Hispanic Theological Initiative, and the *Asociación para la Educación Teológica Hispana* (the Association for Hispanic Theological Education), better known as AETH. Justo's legacy in the work of founding and nurturing these to life will be the focus of what follows.

A. The Theological Education of Hispanics: The Study

In the 1980s the Pew Charitable Trusts asked Justo to conduct research on the state of Latina/o theological education and make recommendations for transforming it. The outcome was a landmark study called the *Theological Education of Hispanics* (González, 1988) from henceforth, *"The Study"*. This Study would lay the foundation for the move toward the programs that, since their inception, have been at the center of the new developments in the nature and countenance of theological education for Latino, but also non-Latino, students, professors, and administrators of theological schools.

Persuaded by Justo's research and recommendations for the recruitment and retention of Hispanic students in theology, the Pew Charitable Trusts granted the Fund for Theological Education (FTE) a grant of 1.7 million dollars, part of which would go toward providing scholarships for talented Hispanics interested in pursuing theological degrees at the graduate and post-graduate levels and committed to "contributing to theological teaching and scholarship from a Hispanic perspective" (1988:118). Another $50,000 of those funds would go toward creating the now popular Hispanic Summer Program. Both of these programmatic initiatives addressed two major themes raised in The Study: 1) the lack of financial resources to pay for costly higher theological education, and 2) the kinds of programs and other supports needed to encourage retention and completion of degrees.

With this funding, the ball was set in motion, and in 1989 Dr. Benjamin Alicea became the Associate Director of Hispanic Programs for the Fund for Theological Education. Justo became the first Director of the Hispanic Summer Program (HSP) with the funds being administered from the offices of the FTE by Dr. Alicea. The now revitalized and expanded Fellowships—the Doctoral Fellowships for the Study of Religion for Hispanic Americans, the Fellowship for Hispanic Americans Preparing for Christian Ministries—and the new HSP, remained under the FTE umbrella until 1995.

B. The Hispanic Summer Program

Most of us will remember Justo because of the Hispanic Summer Program he founded. The HSP addresses one of the more pressing needs that students expressed almost unanimously in the research that led to The Study—the need for "more interaction with Hispanic peers and with Hispanic theologians, teachers and scholars." The HSP's core aims are: 1) to "supplement and enrich theological and ministerial education through academic courses and other activities that directly address Hispanic history, ministry, and theology," 2) to build bridges by healing divisions caused by denominational and theological differences in Hispanic communities and, 3) to enhance awareness and appreciation in non-Hispanics of Latino/a contributions to church and nation.[2]

Toward this end, each summer the HSP invites Hispanic and a number of non-Hispanic seminarians from all over the U.S., Canada, and Puerto Rico to meet for two intensive weeks in different denominational institutions throughout the country to

---

2. See mission statement at: http://www.hispanicsummerprogram.org/

study with Hispanic faculty in theology and religion. Classes are taught either in Spanish—a rarity at the seminary-level, if done at all, previous to the HSP—or in English. Also during this time students fellowship and worship together. Since 1989, over 1,000 Hispanic graduate students, and more than 100 non-Hispanics, have taken nearly 150 courses at the HSP with over 100 different Hispanic faculty.[3] Those of us who have taught at the HSP find that we are as eager to teach Latino students whom we may not encounter in our classrooms as the students are to meet and take classes taught by Hispanic professors.

I still remember my first day at the HSP's second annual gathering in 1991. There was so much excitement in the air! Students from all over the U.S, Canada, and Puerto Rico were informally introducing themselves to each other as they came in to register at the Oblate School of Theology, where the HSP was meeting that year. At my seminary there were then only three Latinos: my husband, myself, and another male student, all of us from the same church. So, you can imagine how amazed I was to see so many Latina/o students from all over. For me, it was akin to the euphoria of the bishops Justo describes in his book, *The Story of Christianity* (1984: 162-163) who, after the end of the Great Persecution—some of them bearing its mark on their bodies—came from many churches scattered throughout the known world and greeted each other, many for the first time, at the Ecumenical Council of Nicaea (325 CE). The atmosphere at the HSP was filled with jubilation. And, then it happened. In walked Justo, the author of the history books most of us were reading in seminary. And, well, the rest is history!

Those of us who have participated in the HSP know it provides that longed-for-space to encounter others like ourselves, to share our stories, the particularities of our cultures, and to support, encourage, and learn from each other. It is a time for students and professors alike to rest from the never-ending and terribly exhausting task of explaining or—worse--vindicating, who we are and why we think the way we do. At HSP, we don't have to check our Hispanic lenses at the door. What we hear and say there finally makes sense. The HSP provides a lifeline for Latinos

---

3. Per http://www.hispanicsummerprogram.org/

who are uprooted from our churches and extended families to attend seminary. It keeps us connected to our Latina/o roots and the passion that feeds our call.

It was clear to Justo and others of our community, however, that two weeks with the students was not enough to engender the kind of enduring energy needed to impact the classrooms to which these students would return. Something had to be done to help faculty and their institutions understand what it means to attend a seminary where a Hispanic student is the first they encounter in their classrooms. What kind of welcome would they receive? How are they prepared to make sure that this one Hispanic student who has somehow ventured onto their doorsteps will have the support to complete her studies? Equally important, how were they preparing students to teach and preach a contextually relevant gospel? In short, how might HSP build a bridge between the student, the faculty, the institution, and the communities to which many of our students would return?

In 2002, Justo did what Justo does best—he tackled the situation head on! He applied for, and received, a grant from the Wabash Center for Teaching and Learning in Theology and Religion to create a program that would address the need to help faculty and their institutions "explore, among other things, issues related to the teaching, contributions, recruitment, support, and participation of Latinos/as in our academic programs, in our churches, and in our communities at large".[4] The program was called "Through Hispanic Eyes," reminiscent of Justo's book *Santa Biblia: The Bible Through Hispanic Eyes* (González, 1996) and its focus was on the role and significance of minority perspectives in fostering what Justo calls the "miracle of communication," the benefits of which are felt throughout the church at large. This four-day intensive seminar for non-Hispanic professors and administrators of sponsoring institutions meets concurrently with the HSP of which it is a part. Since its inception, HSP reports attendance by more than "50 African-American, European-American, and Asian-American professors and administrators from a variety of seminaries and universities".[5]

---

4. See "Through Hispanic Eyes" at: http://depts.drew.edu/hit/hsp/eng/eyes.htm
5. This datum is from HSP website, http://depts.drew.edu/hit/hsp/eng/eyes.htm

Yet Justo knew that even such grant as generous as that from Pew would only sustain the work of the HSP for a short period of time. To this end, and before stepping down as HSP's director, Justo approached a local Georgia foundation for a grant. With the $15,000 he received, he worked assiduously that year from the office in his kitchen pantry and raised a million dollars from various sources for an endowment for the program. But, he did more, at the time when the grant from the Pew Charitable Trusts was about to expire, Justo wrote to a number of seminaries proposing a consortium for the support of the HSP. Immediately, there were over twenty positive responses. In support of the transition of HSP into a partnership-supported program, AETH was recruited, for a time, to serve as the administrative agency of the HSP. In the future, AETH too would benefit from the support of this sister program.

Thanks to Justo's steadfastness, vision and networking skills, the program that is so dear to our hearts, took on a life of its own. Today, more than fifty seminaries, schools of theology, and universities sponsor the HSP allowing it to continue its work through these mutually beneficial partnerships. These seminaries understand and value HSP's contribution to their own mission in equipping and forming students prepared to fulfill their call in the new "demographic reality" that is increasingly Latino.

Demographics matter. Today, there are more than 53 million Latinas/os in the U.S. According to projections of the United States Census Bureau, by 2050 Latinos will make up roughly 30.2% of the population (close to one in every three persons) with our white, Black, and Asian brothers and sisters comprising 46%, 15%, and 9% respectively. Studies conducted for the Hispanic Center of the Pew Research Center indicate that one baby of every four born in the U.S. is Latina/o; 50,000 Latina/o citizens turn eighteen every month and more and more of those enter college.[6] It is not surprising that the March 5, 2012 issue of "Time" magazine featured Latinas/os on the front cover with the title "Why Latinos will pick the next President". The election returns proved that prediction correct. Politicians and the economic market are paying close attention to the significance of

---

6. See http://www.pewhispanic.org/2011/08/25/hispanic-college-enrollment-spikes-narrowing-gaps-with-other-groups/

this growth for their own particular ends. The work of the church and its seminaries will be critical in providing the leadership and direction our communities will need so that we do not fall prey to the political and marketing whims of those who do not see Latinas/os as persons but as voters and consumers to be swayed for their profit. In the words of ATS Director, Dan Alshire, "North America is on its way to a kind of racial plurality that has never existed before. If theological schools don't learn how to be effective educational institutions for racially and culturally diverse students, and effective theological institutions for the communities they will serve, they will simply waste away as viable institutions by the end of this century."[7]

In the Study, Justo lays out a basic ministerial methodology for relating to this reality. It is a methodology that springs from our communities and stands squarely on the faith that "is shared and confirmed by Hispanics from all denominations and in all geographic areas." It includes three points: "ver / juzgar / actuar. 'Ver' –to see– requires the readiness to see reality as it is, and not as we would like it to be. 'Juzgar' –to judge– requires that we measure that reality by the standards of the faith, and that we seek to determine as accurately as possible the reasons for its shortcomings. 'Actuar' –to act– then seeks ways to witness, in the present reality which our eyes see, to the coming reality which by faith we believe."

The programs I will mention below follow from this methodology. The leadership they help to prepare is a critical resource for institutions that want to remain viable, pertinent, and faithful to their call in the twenty-first century and beyond.

C. The Hispanic Theological Initiative

I have already stressed the importance of Justo's Study in laying the foundation for leveraging funds to create scholarships and other opportunities for Latina/o students. His work and reputation with the Pew Charitable Trusts and other important granting foundations—to whom we owe a debt of gratitude— as well as his ability to harness the wisdom and energy of his

---

7. See his full speech, "Gifts Differing: Race and Ethnicity in Theological Education" at http://www.ats.edu/Resources/PublicationsPresentations/Documents/Aleshire/2008/CAOS-GiftsDiffering.pdf

Latina/o and non-Latino colleagues and advocates, led to the development of the next phase in Hispanic theological education: the creation of the Hispanic Theological Initiative.

In 1996, through a generous grant from the Pew Charitable Trusts, HTI began its work to increase the number of qualified Latinas/os with Ph.D. degrees in theology and religion to teach in seminaries and other theological institutions. Following the recommendations of The Study, the HTI was conceived as a holistic scholarship program that includes year-round mentoring by Hispanic professors, opportunities to meet with each other for encouragement and to network through regional meetings and summer workshops. These, and other components of the program, provided the kind of leverage that propelled awardees to complete their Ph.D. and to do so in a timely manner. The program was instrumental in creating opportunities for leadership by qualified Latinas who were also recipients of one or more of the scholarships made possible through Justo's efforts and recommendations in his Study that called for attention to the underprivileged status of women in theological education. Thus, HTI's first Program Director was Dr. Daisy Machado, an FTE scholar, followed by Dr. Zaida Maldonado Pérez, also an FTE scholar and HTI awardee. The current director of HTI is also a Latina, Rev. Joanne Rodriguez. Justo was its first Executive Director.

In 2007 a number of theological schools established the Hispanic Theological Initiative Consortium (HTIC). This consortium of schools is an instance of how institutions can make a difference by creating partnerships that will facilitate recruitment and retention of upcoming Latina/o scholars, thereby also increasing the pool of available Latina/o faculty. This too is a legacy of Justo's efforts. To date, the HTIC boasts nineteen Ph.D. granting institutions.

It is no small achievement that in 2010, under the leadership of Rev. Joanne Rodriguez (summer 2002-), HTIC received the "Examples of *Excelencia* in Education Award" for best graduate program in the United States. A quick perusal through the Association of Theological School's Fact Books will help clarify the significance of this program for our communities and for academia.

71

The earliest available archived Fact Book on the ATS website is for the years 1977-1978. Hispanic faculty does not figure in the data that includes categories such as: "male white," "female white," "male black," "female black" and "male other," with the "female other" category being added the following year.[8] It was not until 1969—that is, only 43 years ago—that the U.S. got its first full-time Latino Protestant professor. Can you guess who that was? Yes, Justo was the first known Latino Protestant professor, hired by Emory University to teach World Christianity and Church History. He would also be the first to receive tenure, something he achieved only one year after being hired (by then he had already written more than six books, including the first two volumes of *A History of Christian Thought*, Vols. 1 and II in Spanish and English.). Before Justo, there were no known Latino/a Protestant professors teaching in seminaries in the U.S. and, I would venture, Canada. As it relates to the ATS Fact Book, Justo would have fallen in the amorphous category of "male other".

As Justo describes in his book, *Mañana*, the dearth of Latinos in academic theology was a very personal matter to him. Having grown up in Cuba and then hired as the only Latino professor to teach in an all-white institution, he recounts how his voice was ignored and how this and other incidents heightened his consciousness about "the oppression that is very much a part of this society." (1990: 25) This experience compelled him to "hear the voice of the oppressed who are crying out, often in the name of Christianity." He reports that in 1985 and 1986, for instance, there were only four Protestant and Catholic Hispanics who had completed a Ph.D., Th.D., or S.T.D. in a school accredited by the Association of Theological Schools. Four others graduated the following year but none with a Ph.D. In 1987, despite a 425% increase, Hispanics were still "only 2.5% of seminarians both Catholic and Protestant." (1990: 35)

By 1993, when I completed my own seminary studies, things had improved, but only slightly. There were still only a handful of Protestant professors. Only three of those were women. The

---

8. See http://www.ats.edu/Resources/PublicationsPresentations/Documents/FactBook/1979-80.pdf, table R

then upcoming voices I heard and the programs that were put into place when I began my studies motivated me and other Latinas to become one of the next Latina professors. This was an accomplishment for us then, yet still today Latina professors only constitute one third of all Latino professors. This paucity of Latina/o professors, unfortunately, continues to be a glaring statement on the state of affairs for Latina and non-Latino/a seminary and doctoral students, most of whom would not be exposed to Hispanic professors or their scholarship except, perhaps, through the writings of Justo González and by now, a few others.

During the years 2007-2011, the years from which one ATS study draws data on member schools, Hispanics who enrolled in ATS accredited schools in the United States rose 339 from 3,235 (2007) to 3,564 (in 2011). The discrepancies compared to Black enrollment in 2011 at 9,227, Asian at 4,732, and White at 40,210 are still huge.[9] Data for 2011-2012 shows 217 Hispanics graduating compared with 909 Black students, 492 Asians, and 4,397 Whites. The number of full time Hispanic faculty rose from 124 in 2007 to a mere 126 in 2011. This, of course, should take into account any attrition related to retirement, deaths, and/or change in profession (e.g. moving from teaching to pastoring, etc.) The data reveals that, despite the positive increase in numbers of Hispanic seminary students and professors, there is still more that needs to be done to address the stark and painful deficit of Latina/o resources at this level. The quote from an ATS official that Justo includes in his Study after looking at the ATS 1986-1987 Fact Book, still rings true:

> There is little encouraging data in the post-M.Div. graduate programs. Not many Hispanic seminary degree recipients pursue the kind of graduate study which prepares one for theological seminary teaching. As Hispanic enrollments continue to mount, and more schools seek Hispanic faculty, this information does not indicate the emergence of a pool of persons trained in the normal ways (i.e., the academic doctorate) to respond to invitations to teach, an unfortunate circumstance. (1988: 74)

---

9. See http://www.ats.edu/LeadershipEducation/Documents/DiversityFolio.pdf

Despite this, I cannot imagine where we would be without Justo's voice and work at creating the kinds of programs that are still changing the direction of "an unfortunate circumstance". Constrained by his personal pain and by his love for his community and God's church, Justo judged the circumstances unacceptable by holy standards and moved full speed ahead with the vision and power of the God that is always about that "new thing". So, let me share with you some reasons for rejoicing.

Since the beginning of its first session 24 years ago, more than 100 Hispanic faculty (including Catholics) have taught over 1,000 students at the HSP.[10] In addition, the HTIC director Joanne Rodriguez reports 81 new HTI Ph.D. graduates that have been added to the pool of professors making a difference in their classrooms, in their communities, and around the world. HTI scholars are graduating in a record time of 5.5 years, excelling and advancing in their teaching vocations. The 2012 HTI brochure, *Living the Legacy*, highlights the more than 62 books that have been written by HTI scholars, some of which are being read around the globe. We can find our graduates teaching, preaching, and serving everywhere from local barrio churches to Harvard and Fuller, in Mexico, Italy, The Netherlands, and Switzerland; three are serving as presidents of a theological school, a college, and a major bible institute; at least five are vice-presidents of academic affairs or hold other VP positions; seven or more are and/or have served as deans; twelve are full professors; one is serving as the United States Ambassador to the Vatican; others are directing programs or chairing departments in their schools and presiding over academic guilds, one is Director of Accreditation and Institutional Evaluation at ATS; and one of them was recently selected by the Huffington Post as one out the seven most influential Latino religious leaders. Tell me these are not reasons to let out an "Amen"! These programs through their directors and partners are making a difference. Justo, you and your legacy continue to make a difference. Your efforts have given teeth to the talk about contextualized teaching and expression to how seminary education "according to the whole" ought to look and sound. Your tenacious resolve has helped to

---

10. See http://www.hispanicsummerprogram.org/

clear a path "to ensure…resources and vitality are available to the whole church" and by the whole church. Truly, the future is brighter thanks to your relentless example of what it takes to trust that God can make *mañanas* out of today.

D. *"Preparing Leaders to Radically Transform the Latino Church and Community":* La Asociación para la Educación Teológica Hispana/*The Association for Hispanic Theological Education*

Great things can happen when the people of God get together to pool their resources and dream up the seemingly impossible in the name of the God of possibilities. AETH was born in the summer of 1991 from such an *Encuentro* (gathering) of Hispanic leaders in theological education seeking ways to foment collaboration and mutual enrichment between academia and the church it is called to serve. The event took place in Decatur, GA in 1991 at Columbia Theological Seminary. The *Association's* theme for their first 1992 assembly, Derramaré mi Espíritu (I Shall Pour Out My Spirit) was fitting. There was excitement in the air and the momentum that the Spirit gave to its beginnings is still reverberating through its varied enterprises. Indeed, I think *"movimiento del Espíritu"* ("Spirit movement") is more akin to what AETH means to its members and the institutions that are receiving its benefits while also contributing to its overall mission in "Preparing Leaders to Radically Transform the Latino Church and Community".

Mission statements are important for what they reveal. AETH is intentional about expressing its mission in terms of a present-future, ongoing ministry of radically transforming the Latino church and its communities. It has been living into this hope-filled present-future mission unflinchingly. Here are a few of the ways that this is true.

1. Bible Institutes

At the center of AETH's passion is the church, and especially its educational muscle—the Bible Institute. Most anyone who serves a Hispanic church, has, or will have, gone through some form of a two to three-year Bible Institute. *Institutos* are critical in the formation of leaders and, in contrast to many of our seminaries, they have provide affordable, accessible (because it is usually in the barrios where the churches are located), ecumenical (students don't need to belong to the sponsoring church or the denomination), and contextually relevant theological education. They are and continue to be the lifeline for theological training and leadership formation of the laity. We need the Bible Institutes for what they contribute to the work of the church but also to the academy. As Daniel Aleshire reminds us:

> There are other sources of wisdom [than academic degrees and scholarship], equally intellectually lively and viable, that accrue from the discipline of preparing sermons every week, figuring out what it takes to make congregations work well, engaging a faith community in witness in word and deed, and being with people in the middle of unspeakable pain and sadness. This is hard work, and if pastors do it well, they develop a wisdom that can't be gained from books and academic presentations at AAR [American Academy of Religion] or SBL [Society of Biblical Literature].[11]

AETH has been at the forefront of this engagement since 1991 through its support of the work of the laborers in the *meollo* ministerial of our *pueblos*; that is, "those other sources of wisdom, equally intellectually lively and viable" called *las y los pastores*, lay leaders and the Bible Institutes that tend to the development, care and discipleship at ground zero. This engagement was made possible through a grant from the Pew Charitable Trusts developed by Justo, called "Strengthening community based theological education in the Hispanic community".

AETH's vision for cross-fertilization between "two excellent but incomplete systems of theological education"—the ATS-accredited institutions and Bible Institutes—to "receive from each other what each seem[s] to be lacking" led to new ways of collaboration. This included bringing seminary professors together with those who direct Bible institutes for exploratory conversations for possible collaboration and networking opportunities. After several

---

11. See p.5 at http://www.ats.edu/Resources/PublicationsPresentations/ Documents/Aleshire/2010/Biennial-FutureHasArrived.pdf

attempts at creating a level ground for dialogue between Bible Institutes and seminaries, the Biennial Assembly of AETH with Justo, decided to take another approach. How might AETH, for instance, create opportunities for Bible Institutes and seminaries to dialogue without one being dominated by the power and prestige of the other—mainly those with ATS accreditation? How might we help seminaries see Bible Institutes as potential partners in their mission and not as irrelevant to it or, worse, as their competitors? And, would AETH's time be better spent in readjusting our approach and focusing on strengthening community-based theological education in the Hispanic community? The answer to this last question was, "yes," *absolutamente*!

To this end, Justo with Dr. Pablo Jimenez, first elected Executive Director of AETH, went straight to work and, (you got it!) a proposal was born. Through the first grant and a later one from the Henry Luce Foundation, AETH would concentrate much of its work on strengthening Bible institutes, "both as a voice within AETH and as legitimate centers of theological education in our barrios." AETH's purpose would include helping *Institutos* "produce a ministry that is committed to its community, and knows how to relate the central themes and meanings of the Christian faith to ministry in that community." In this way, AETH is continuing its work at promoting opportunities for dialogue among a table of equals and at cross-fertilization at the grass-roots level through community-centered programs.

Most recently and, as it concerns Bible Institutes, AETH has been engaged in making new history. Through its efforts, the important work of Hispanic Bible Institutes is being recognized and affirmed in ways previously unimagined. I am referring to the joint AETH/ATS Commission, of which I had the privileged to be a part. The work of the joint commission was to develop "standards, curriculum recommendations and processes for interested and eligible Hispanic/Latino/Latina Bible Institutes to be certified by AETH in the U.S., Puerto Rico and Canada". Its goals included:

> creating and formalizing a process of certification that will: (a)
> promote and improve the theological education of eligible Bible

Institutes so that their graduates function at a baccalaureate level, and are equipped to become leaders for the radical transformation of church and society; and (b) providing accessible pathways to enrollment in ATS accredited graduate theological schools for graduates of AETH certified Bible Institutes.[12]

Through this effort, it is also providing models for excellence, best practices, and resources for *Institutos*.

2. Providing Practical Resources for Latino Communities

Since its inception, AETH has provided to more than 1200 individual members, 100 institutional affiliates, and over 100 local church pastors a wealth of ministry resources and networking opportunities. Truly, AETH has gone viral, something that bodes well for our communities and for the church in general. Some of the resources meant to create the possibilities for grass roots transformational ministries that go beyond the church walls to address community needs at large include workshops on, for instance, the nitty-gritty of writing proposals for grants. Through Justo, we have seen what enormous effects such a skill can bring about. AETH has also held workshops on topics exploring ministry implications related to the increasing Latino demographics in the U.S. Focusing on the need expressed by our members for practical resources in Spanish by Hispanics, AETH has published four major series of books written in Spanish, from a Hispanic perspective, by Latino scholars, educators, and practitioners with in-depth, practical tools for ministry and discipleship. This also means that, thanks to AETH, new and seasoned Latino scholars and ministry practitioners have opportunities to publish their first books and to remain connected to the church and its ministry of transformation. Especially important for the work of Bible Institutes and seminaries offering courses and degrees taught in Spanish is that AETH is breaking ground by developing several Spanish-language DVDs and on-line courses taught by Latina/o theologians. Finally, the *Tertulias* project (also envisioned

---

12. From the AETH/ATS joint commission's draft report at http://www.aeth.org/aeth/ae11/images/PDF-FORMS/commission%20reports%20englishi.pdf

by Justo who wrote the proposal that led to its inception) continues to bring together for their mutual enrichment pastors who otherwise may not have met to focus on issues and/or projects of concern to their local congregations. To date, there are 211 *Tertulias* groups representing 1,427 pastors, 518 laypersons and 815 churches.[13] Those of you who know how difficult it is to get busy pastors together, and especially when they are strangers to each other and not of the same denomination, will recognize that these new networking and ministry-building clusters are quite an accomplishment. This program provided yet another opportunity to develop and draw upon Latina leadership skills and expertise.

3. The Justo L. González Center for Latino/a Ministries

Vital also to the heartbeat of AETH is the Justo L. González Center for Latino/a Ministries. The "Justo Center," as it is fondly called, is housed on the FL-Dunnam campus of Asbury Theological Seminary and named in honor of Justo and his many contributions to AETH and to Hispanic/Latino theology. The name "Justo Center" is itself a wonderful play on Spanish and English words at the heart of the Center's mission— the "kin-dom" task of living justly by ensuring continued development of essential Latina/o leadership and resources for the work of the church and its theological institutions. To this end, the Justo Center was created to serve as a "centralized repository and capacity builder for Latino church leadership development and for resources and dialogue in Latino/Hispanic theology". Already, it has brought together practitioners and academicians from all over the U.S., Canada, Puerto Rico, and the Dominican Republic to explore issues and further networking opportunities at their first "Forum on Theological Education for Latinos in the 21st Century" held in October, 2011 as part of the Center's opening event.

AETH, through the Justo Center, "centralize[s] and strategically organize[s]…the full complement of

13. See p.8 of the report presented by AETH's Executive Director presented during its 2012 Biennial Assembly at http://www.aeth.org/aeth/ae11/index.php/instituto-biblico-project

programming and services in which AETH is active in such a way as to fully realize the organization's reach and potential impact." Indeed, much of the above-mentioned resources under the AETH umbrella are being developed through the Justo Center. This includes services related to curriculum development for seminaries, Bible Institutes, colleges and churches and consultations on issues of diversity, cultural training, and Hispano/Latino theological history. Although the U.S. comprises the Center's "primary geographic service area," its vision and reach moves far beyond it.

Finally, and as part of our Latino/a heritage, the Justo Center also houses the many honorary degrees, certificates, books, notes, and other pieces of the Justo González legacy. Many of these are original copies, the value of which I believe future research will continue to uncover.

The Center is not meant to be a "shrine" to Justo, although pilgrimages to the Center and donations for upkeep of its work are surely welcome! Rather, it is a gift, a reminder and a living challenge to remember not only to *ver* (see) and *juzgar* (judge) but also to *actuar* (act). It is a *testimonio* (witness) to what can happen when we "seek ways to witness in the present reality" no matter how intransigent the situation or difficult the journey. It is a *símbolo* (symbol) of visioning done through the faith that calls us to follow the One who said "go and make disciples" of all nations. It is certainly a place to *festejar* (celebrate) achievements, but it is also a place through which to be inconvenienced, moved by the work that yet remains to be done. The Justo Center and all it does stands as a prayer of gratitude to the God that revolutionizes individuals and a people so that, together, *abramos surcos, rompamos barreras y levantemos un pueblo preparado for the Glory of God* and the benefit of all of God's creation.

You will find information on upcoming events and available resources on the Center's website and at its physical location at the FL-Dunnam Campus of Asbury Theological Seminary in Orlando, FL, where it is housed.

In brief, thanks to Justo's work and reputation, AETH and the aforementioned programs have received millions of dollars in grants from the Pew Charitable Trusts, the Lilly Foundation, the Henry Luce Foundation, The Wabash Center, and other granting institutions. Most dear and important, however, are the individuals and schools that faithfully contribute financial and other resources to continue the work and mission of an *Asociación* (AETH) that is governed by its members, for the benefit of their communities and the glory and mission of the God who has called them all to service.

I cannot end this section without expressing a special "gracias" from all of us to the early Executive Directors that initiated AETH helping it move to where it is today. They include Executive Directors, Dr. Pablo Jimenez, Rev. José Daniel Montañez, and our good sister that went to be with the Lord, Rev. Norma Ramirez.[14]

Conclusion

One of the things I have admired about Justo is his ability not to become dismayed over difficulties and concerns that come his way. When I asked him to share what propels him to see solutions where others might only see chaos, he shared an expression that his history professor back in Cuba often shared: *"Dios escribe derecho con las líneas torcidas de los hombres"* (God writes straight with men's crooked lines). A problem for Justo becomes one of those "líneas torcidas," from which God is able to create *una nueva historia* (a new history). This trust in the God who makes crooked lines straight has been the key motivating factor in Justo's life. This too is another aspect of Justo's legacy— the reminder that we are a resilient people who, *con la ayuda de Dios*, have always learned to make *"de tripas corazón"* (literally, to make heart out of intestines or, to make something new from the difficult or unlikely). Like the many crossword puzzles that he and Catherine have deciphered throughout the years (one of their favorite pastimes), Justo, with Catherine, has clung to his faith in a God of possibilities and, with her and the help and wisdom of many others, has generated creative, solid, and long-lasting expressions of hope and epiphanies of power. Those expressions of hope are not the numbers I shared. Rather, they

---

14. A list of ex-presidents that include Justo, is found at: http://www.aeth.org/aeth/ae11/index.php/aeth-formal-presidents

are the stories of people like you and me. They are stories of young and older students, professors, leaders, revolutionaries and ambassadors for the despondent, and mentors to those who want to make a way. They are Dr. Elizabeth Conde-Frazier serving as Vice-President of Education and Academic Dean at Esperanza College which is located in what some would deem to be "the hood" but what she deems a seedbed for hope and empowerment; they are Rev. Gabriel Salguero, New Jersey-based president of the National Latino Coalition of Latino Evangélicos addressing issues of poverty, immigration, and growing education disparities; they are Dr. Alberto Hernandez, now interim President of Iliff who writes about Muslim, Christian, and Jewish expressions of reconciliation among kinspeople in times of crisis; they are Carlos Cardoza-Orlandi, Awilda Nieves, you, and so many others whose names I do not know; they are an ex-convict who is now Director of an Urban Leadership training program that emailed me the following letter, part of which is worth reading here. He says:

> Hermana, I am a very different type of seminarian. I grew up on the streets, and in the juvenile justice system. Gangs and violence was my heritage. God called me at 19 years old while I was completing a 5 year prison sentence; wherein I passed my GED and wrote all of my college essays in advance because God told me there, in a dream, that he would send me into academia. Anonymously and mysteriously, thousands of dollars began to appear which sent me to a Mennonite University. I graduated in three years with two majors: Political Science and Religious Studies, and had the privilege of studying and leading urban projects in other countries.

> Today I am 30 and I teach and run a couple of inner city programs as I train college students to take it to the streets. But I am in a dilemma about seminary. I can't find Latinos who can help me with this and I often have a difficult time being a Latino male in a predominantly white Christian organization. I have dreamed of sitting at Justo's feet to learn (some of his colleagues here in town call me 'little Justo'). He does not know this but in a very real but very indirect sense, hermano Justo discipled me while I was in prison.

(I showed the letter to Justo who immediately gave him a call— talk about six degrees of separation!)

These are only a fraction of the stories that God has brought together to engage the world as God's incarnation of "kin-dom" difference. Six degrees from Justo is OK—we'll survive--but six degrees of separation from the God of hope is one degree too many. This is why Justo's legacy of formation for other-centered service is so important.

If I know anything, I know that Justo would not want me to end without issuing a challenge. Time is too precious. I leave you with a challenge that he recently gave to The United Methodist Church. You can find the whole speech on a video on YouTube… Yes, Justo is also on YouTube!

"If we do not find ways to expand…Hispanic ministries… we shall find that we have written ourselves out of relevance for what may well be a quarter of the total population of the nation." With his typical "can do" attitude, Justo reminds us that "the opportunity is even greater than the challenge". And so, with Justo, I ask the question that has energized and created those clusters that are reverberating and spreading change throughout the land: How shall we respond next? And, will you be a part of it? "¡Fuenteovejuna…*todos/as a una*!"

Works Cited

Justo González, 1984. *The Story of Christianity: The Early Church to the Dawn of the Reformation.* Vol.1. San Francisco, CA: Harper and Row.

Justo González, 1988. *The Theological Education of Hispanics: A Study Commissioned by The Fund for Theological Education.*

Justo González, 1990. *Mañana: Christian Theology from A Hispanic Perspective.* Nashville, TN: Abingdon Press.

Justo González, 1996. *Santa Biblia: The Bible Through Hispanic Eyes.* Nashville, TN: Abingdon Press.

Justo González, 2002. *The Changing Shape of Church History.* St. Louis, MO: Chalice Press.

Mere Straw

October 20, 2012

$\mathcal{G}$ood morning. I am happy and honored that each one of you is here. I am also happy and honored to be here among you.

At the same time, I must confess that, no matter how much I enjoy your company, I would rather not be here standing before you. When I was given the choice, whether to prepare the entire service for this morning, or just bring the meditation, I chose the latter.

This, for two reasons. The first should be obvious to those of you who know me best: Given the chance, no matter what the task, I would much rather have someone else do the work! So, I asked Fernando and his team to take responsibility for the rest of this devotional period.

But the second reason is much more important: It is the awkwardness of the situation. If I were in charge of preparing the entire service, I would feel the need to include a prayer of confession. And in that prayer I would have to ask forgiveness for the ease with which I am carried into inordinate pride by events such as this and by friends such as you. And I would also have to call you to repent for your exaggerations —nice and loving exaggerations, but exaggerations nonetheless.

So, I would like to take these few minutes, first, to make one notation, and then to call you to the gospel by which we all live.

The notation I wish to make is that nothing of all that we are dealing with these days would have been possible without Catherine. At least half of all I have written were originally her ideas, and the rest she has helped me put in proper words. But even more importantly, most of what I have refrained from writing was not written because of her wisdom!

Catherine keeps me thinking. Catherine keeps me working. But even more, Catherine keeps me humble! And she does not keep me humble by putting me down—although occasionally, very deservedly, she does that too! She keeps me humble by constantly setting before me the high standard of what a human being and a Christian is to be. Thank you, Catherine! I love you!

One of Catherine's favorite quips when I need putting down is that I have never had an unpublished thought. That may well be almost true. But even more so, it is the counterpart of that statement, which she has never told me, but I know to be true: not only have I seldom had an unpublished thought, but also quite often I have had a published unthought!

As I now look back at more than fifty years of writing and publishing, I find this to be an awesome responsibility. Writing comes to me easily. In fact, another of Catherine's favorite comments is that instead of blood I have printer's ink. (I suppose it would be more up to date to say that I have printer's toner.) But precisely because it comes easily, I have often wished I had not written something that I can no longer call back—a matter on which an auto maker has the advantage over me.

In fact, I experienced this wish for recalling what I have written with my very first little book. A few months after I wrote it, I received a letter from a missionary whom I had known in Cuba. His letter had been posted from Viet Nam, where war was raging at the time. He commented about the wounded he was trying to comfort and about a fellow missionary who had been killed the night before. Then he said that what had prompted him to volunteer for service in a hospital in Viet Nam was something he had read in my little book!

For several months, I did not publish another word. It was only after I knew that he was safe and sound back in North Carolina that I again felt comfortable putting my ideas in writing.

Words are powerful. When we write and publish them, we may be unleashing a power that we will no longer be able to control. Words are powerful. The book of Genesis tells us that God said, "Let there be... and there was"! And the Fourth Gospel declares it even more clearly: "In the beginning was the Word, and the Word was with God, and the Word was God. Through the Word all things were made. And without the Word not one thing was made."

When God decided to make us after the divine image, this included a stewardship of dominion in God's name—a dominion exercised by means of the human word. As one of the stories in Genesis puts it, God made the man and gave him power to name all the animals, thus claiming authority over them. As that story continues, the only creature the man did not name was the woman, with whom he shared his own name.

Given the power of the word, our lack of control over the word once it is spoken, and our even greater lack once it is published, I have often wondered: What may have been the consequences of my many published unthoughts?

But then, as I reflect on the matter, I come to the conclusion that, when it comes to theology, all our thoughts, published and unpublished, are unthoughts. The prophet Isaiah expresses this quite well when he speaks in the name of Yahweh: "My thoughts are not your thoughts, nor are your ways my ways, says the Lord. For as the heavens are higher than the earth, so are my ways higher than your ways, and my thoughts higher than your thoughts" (Is 55:8-9).

We may be very proud of our thoughts about God, of our great systems of theology, of our learned disquisitions, of our exegesis and our hermeneutics. But when all is said and done, all our words, all our thoughts, barely glimpse at the mystery whom we seek to serve—a mystery so profound, a mystery so mysterious, that it has been hidden from the wise and the learned and has been revealed to babes! For the thoughts of God are as high above our thoughts as the heavens are high above the earth.

No wonder then, that toward the end of his short but very productive life, after having a vision of God, St. Thomas Aquinas declared that all he had written—his two incomparable *Summas*, his commentary on the Sentences, his commentaries on Scripture, his commentaries on Aristotle, every last word of it— all was as straw.

In a similar vein, although much more humorous, Karl Barth, after having completed 13 volumes of his *Church Dogmatics*, commented that "The angels laugh at old Karl. They laugh at his trying to capture the truth of God in a book on dogmatics. They laugh because volume follows volume, each thicker than the last, and as they laugh they say to one another: 'Look! There he goes with his wheelbarrow full of volumes on dogmatics!'"

Even without a vision as glorious as St. Thomas', or without a wit as sharp as Barth's, it should be clear to all of us that all we may do, all we may think, all we may write, all we may teach, is nothing but straw. There may be wheelbarrows and even wagon-loads full of it, but it is still straw. Our words, straws carried away by the wind. Our thoughts, feeble straws at which we grasp in search of meaning. Houses of straw, our theological systems.

This is not to say that our words, our thoughts, and our systems are not important. They are important, because they are all we have, all we can accomplish. They are important, because we have been called to be stewards of all we have, and this is what we have. They are important, because our words, given to us after the image of God's Word, are powerful.

Once we realize that all our knowledge and all our wisdom are as straw, then—and only then—we shall be able to hear the gospel, the good news for us, in the words of Jesus, that these things that have been hidden from the wise and the learned have been revealed to babes.

Straw. All straw. Yet, as I reflect on it, I am led to recall the words of Spanish poet Luis de Góngora y Argote:

> Caído se le ha un clavel
> a la aurora de su seno.
> ¡Qué glorioso que está el heno,
> porque ha caído sobre él!

Or, in a somewhat loose translation:

> Angels sing in awe:
> the Word most divine
> has chosen to shine
> down here in our straw.

Yes, our words, our thoughts, our theology are nothing but straw. But we can always rejoice and hope that, as in that manger long ago, it may be lowly straw in which the Lord of all has chosen to shine!

Come, Lord Jesus! Amen!

Un legado de cincuenta años:

la vida y obra de Justo L. González

Prefacio

$\mathcal{E}$ste libro es el resultado de una visión nacida de la obra de la Asociación para la Educación Teológica Hispana (AETH) durante muchos años. A principios del 2010, fui nombrado director ejecutivo de AETH, por lo cual renuncié a mi posición como miembro del Consejo Ejecutivo. Serví en ese consejo desde mi elección en la reunión bienal en 2008. Durante mi tiempo en el consejo, contratamos los servicios de JVA Consulting en Denver para que nos dirigiese en un proceso de planificación estratégica. Al avanzar en ese proceso, me quedó claro cuánto de la vida y la pasión de Justo González eran parte de la misión y la obra de AETH. Al desarrollar la nueva declaración de su misión, "Preparar a líderes que transformarán radicalmente la iglesia y la comunidad latinas", quedó claro que ése era el corazón de la visión de Justo de lo que AETH debería hacer. Al sentarnos alrededor de una mesa para revisar las operaciones y la historia de esta organización, comprendimos que todos los involucrados con AETH desde su fundación en 1991 habían sido profundamente impactados de alguna manera por la visión de Justo.

Cuando el plan estratégico estaba casi completo y luego de obtener la aprobación del Consejo, me acerqué a Justo para explorar la posibilidad de que AETH formase el Justo L. González Center for Latino/a Ministries (Centro "Justo L. González" para Ministerios Latinos). Con su humildad usual, dijo: "Si tú crees que eso ayudará a AETH, será mi honor permitir que el Centro lleve mi nombre". Claramente, no se trataba de Justo. Una vez más, el foco era impulsar la misión de AETH y cuál sería la mejor manera de preparar a líderes para la iglesia, el ámbito académico y la comunidad.

De aquella conversación inicial resultó la formación del Centro Justo. Luego de conversaciones con varios seminarios y ministerios cristianos, decidimos que el Centro estaría en el Seminario Teológico Asbury, en Orlando, Florida.

El Centro ha sido un gran éxito. Ha conectado a AETH con la iglesia en general y con el mundo académico a un nivel distinto. La Primera Serie Anual de Conferencias del Centro Justo, en Octubre de 2012, fue una nueva afirmación de cuán importante y oportuna la formación del Centro ha sido para la misión general de AETH. Al planear la serie de conferencias, decidimos que las conferencias del primer año estarían dedicadas a analizar el legado de aquella persona que le había dado su nombre al Centro. Las personas eruditas que invitamos para presentar las conferencias fueron verdaderamente sobresalientes en sus presentaciones. Fue evidente que pusieron sus almas en sus conferencias, que fueron y son de bendición para todos nosotros.

En este libro hemos incluido tres de las presentaciones que formaron parte de la serie de conferencias en octubre pasado. Se trata de las conferencias del Dr. Stephen Bevans, el Dr. Carlos F. Cardoza Orlandi, y la Dra. Zaida Maldonado-Pérez. Además, el libro incluye una biografía de Justo escrita por el Dr. Marcos Antonio Ramos y una reflexión que Justo compartió durante el evento mencionado. También incluimos una bibliografía parcial de las obras de Justo. (Una bibliografía completa hubiese duplicado el tamaño de este libro.)

Nuestra esperanza es que al compartir el legado de Justo para con la iglesia y la comunidad, podamos ofrecer un vistazo de las contribuciones de este gigantesco líder, escritor, historiador, maestro, predicador y, aún más importante, amigo.

Agradecimientos

*P*ara publicar un libro, siempre se requieren los esfuerzos y contribuciones de muchas personas y organizaciones. Además de Justo, a cuya vida y obra este libro está dedicado, hubo otras personas con quienes tenemos una deuda de gratitud. En primer lugar, queremos agradecer a las personas contribuyentes de los capítulos para este libro. Ellos son el Dr. Stephen Bevans, el Dr. Carlos Cardoza-Orlandi y la Dra. Zaida Maldonado-Pérez. El cuarto contribuyente, el Dr. Marcos Antonio Ramos, quien conoce a Justo desde que ambos eran niños, también participó en la ceremonia de clausura de la Primera Serie de Conferencias en el Centro. Vaya nuestro agradecimiento también al Dr. Fernando Cascante Gómez, director del Centro, y a su asistente administrativa, la Srta. Melany Sánchez López, por su dedicación a la planificación, organización y supervisión de las actividades de la Primera Seria de Conferencias. Nuestra gratitud también va para la Dra. HiRho Y. Park, directora del Programa de Educación Continua de Pastores de la División de Ministros Ordenados de la Junta General de la Iglesia Metodista Unida, y al Rev. William Barnes, pastor principal de la Iglesia Unida Metodista "St. Luke" en Orlando, por proveer un importante apoyo financiero para la realización de la Primera Serie de Conferencias del Centro, cuyo resultado es este libro. Muchas gracias a Pedro López de Abingdon Press, por hacer que la publicación de este libro haya sido incluida entre las prioridades para este año. También agradecemos a mi hija, Amy Perea, y a Cher Smith por sus servicios de lectura y edición, así como a Francisco Miraval y Lizette Acosta por su invaluable ayuda con la traducción de algunos manuscritos que en algunos casos estaban escritos en inglés y en otros casos en español, pero que se necesitaban en ambos idiomas. Finalmente, le agradecemos a Julio Hernández, líder de una iglesia bautista, quien tras participar de un curso intensivo que Justo dirigió en febrero pasado, tomó algunas fotografías profesionales de Justo y nos dio la libertad de usarlas. A todos ellos y ellas, y a muchas otras personas que aquí no son nombradas pero que también ayudaron, muchas, muchas gracias en nombre de todos quienes trabajamos y servimos en AETH y en el Centro "Justo L. González" para Ministerios Latinos.

Introducción

Cuéntame una historia: la vida y la época de Justo L. Gonzalez, una parábola viviente

Por el Rev. Stan Perea

Si uno busca en el diccionario la definición de "parábola", se encuentra algo así como "una historia generalmente corta y ficticia que ilustra una actitud moral o un principio religioso". Suena aburrido, ¿no?

La palabra viene del griego *parabolee*. *Para* significa "junto a" y *ballo* significa "lanzar" o "arrojar". La traducción literal sería "lanzar a un lado". Y eso es exactamente lo que la parábola hace. Es una historia ficticia, con elementos que son familiares al oyente, que se lanza al lado de una idea no familiar para ayudar al oyente a entender la idea no familiar; o que se lanza junto a una idea ambigua para dejar un punto en claro.

Por ejemplo, podría decirles que mi vecino tiene un caro y hermoso automóvil deportivo que siempre mantiene dentro del garaje. Limpia y encera su "Lamborghini" rojo todos los fines de semana. El interior brilla de limpio y hasta las llantas relucen. Cada domingo, mi vecino se pone un gorro para manejar y una bufanda alrededor del cuello. Se pone los lentes de sol y se sienta en su auto. Pero nunca sale del garaje. ¿Por qué? Porque tiene miedo que su precioso automóvil se ensucie o, peor aún, se raye. Todos nosotros tenemos automóviles (probablemente muchos menos costosos que un Lamborghini, por cierto) y todos sabemos lo que significa cuidarlos y no querer que se dañen. Pero todos también entendemos la insensatez de no sacar del garaje un automóvil tan grande y poderoso y nunca usarlo para lo que se diseñó. El poder de la parábola surge cuando uno entiende que malgastamos nuestros talentos si nunca los sacamos del garaje, ¡sin importar cuán hermosos sean y cuán bien mantenidos estén!

La mayor parte de los cristianos, cuando pensamos en "parábola", pensamos en las parábolas de Jesús, quien usó las parábolas de una manera similar a la de nuestro ejemplo. Cuando Jesús dijo: "Si un hombre tiene cien ovejas y una se pierde…", él capturó la atención de sus oyentes. Ellos sabían exactamente cómo eran las ovejas y lo que el pastor debería hacer. Jesús estaba "lanzando" a las ovejas y a los ovejeros junto a Dios para mostrarles a sus oyentes cómo es Dios. Por medio del uso de parábolas, Jesús llevaba a la gente a donde él quería.

Además, nos gustan las buenas historias. Cuando Jesús dijo: "Había un hombre que tenía dos hijos", algo dentro de nosotros dice "Esto va a ser bueno" y nos preparamos a escuchar la historia. Hasta prestamos atención.

El escritor C.S. Lewis, autor de tantas buenas historias, afirmó que la ficción era la manera de ir más allá de los "vigilantes dragones" de la racionalidad, la incredulidad y la tozuda rebelión para llegar a la fe. Muchos que se rebelaban contra la idea de Jesucristo llegaron a la fe salvadora en él por medio de la "puerta trasera", es decir, al escuchar sobre Aslan en las *Crónicas de Narnia*.

Las parábolas, las historias, nos enseñan verdades morales. Las historias nos atrapan. Despiertan nuestra imaginación y nos dejan con ganas de más. El último elemento de la historia que quiero mencionar es que, debido a la naturaleza de la historia y a los detalles que se usan para despertar nuestra imaginación, las historias se recuerdan con mucha más facilidad que los datos fríos, duros y secos, ¡incluso si se trata de datos sobre teología!

A una colega mía no le gustaba la historia hasta que escuchó la historia de Atanasio. Los datos concretos dicen que Atanasio fue el obispo de Alejandría, que nació cerca del 296 y murió en el 373. Se involucró en el conflicto con los arianistas y fue desterrado cinco veces por cuatro emperadores distintos por no renunciar a sus puntos de vista ortodoxos sobre Jesucristo y la Trinidad. Uno puede memorizar sin problemas toda esta información y hasta repetirla en un examen si fuese necesario. ¿Pero cambiará nuestras vidas el tener esa información sobre Atanasio? ¿Buscaremos ser como él al leer la información mencionada? ¿Hay algún impulso dentro de nosotros para caminar más cerca del Cristo que Atanasio buscó defender?

No.

Sin embargo, cuando uno escucha la historia de Atanasio contada por un talentoso cuentista, eso es exactamente lo que sucede.

Ustedes se preguntarán por qué estamos hablando tanto sobre las partes y usos de una historia. Es porque el más talentoso Contador de Historias de todos usa a su propia gente como historias. Es por eso que decimos que toda la historia es Su historia. Nosotros somos las parábolas que él usa para atraer a las personas a él, para que ellos escuchen y recuerden. De hecho, para que presten atención.

Justo González es una de esas parábolas. Creo que a él le gusta ser conocido como una historia. Está bien que así sea porque él es un historiador que le infunde vida a aquellos datos fríos, duros y a veces secos. Al entretejer sus propias historias con esos meros datos, Justo le da vida a esas historias para sus lectores, para sus estudiantes, para la gente con la que él se encuentra todos los días. Aún más: él le ha dado vida a historias que llegaron a innumerables personas en todo el mundo.

Estos artículos son un testamento no solamente de su habilidad para contar historias, sino también de su propia vida como historia. El Dr. Stephen Bevans incluso comienza su artículo con el recuerdo de haberse encontrado con Justo y hace mención de la metáfora extendida de Justo (una parábola en sí misma) para explicar la naturaleza de una cierta doctrina por medio de una comparación con un cierto deporte. Me parece escuchar a Jesús decir: "El Reino de los Cielos es como un campo de béisbol…" Eso atraparía nuestra atención.

El Dr. Carlos F. Cardoza Orlandi busca sintetizar la obra teológica de Justo y reconoce cuán difícil es esa tarea. ¿Cómo entonces organiza esa obra? Por medio de metáforas e imágenes. La obra teológica de Justo es como un enrutador, una tarjeta de memoria, un puente. Y nos hace prestar atención.

La Dra. Zaida Maldonado Pérez reconoce el fuerte impacto que la historia de Justo ha tenido en la educación teológica del liderazgo latino. Los "seis grados de separación" significan que la forma de la educación teológica, y su alcance, están íntimamente conectados con la historia de Justo González.

Su biografía, escrita aquí por Marcos Antonio Ramos, subraya las historias de Justo y cómo nos cautivan. Como dice Ramos, "la historia, siempre la historia". Desde la descripción de la época en la que nació hasta sus escritos, discursos, enseñanza, vida y amor, lo que se ve con claridad es el impacto de la historia de Justo en cada persona con quien él se encuentra.

Conocí a Justo cuando yo era un estudiante en el Seminario de Denver en 1988. Yo estaba leyendo su libro de historia de la iglesia par a la clase del Dr. Tim Weber. Jamás me imaginé que algún día estaría trabajando con él y que yo tendría la oportunidad de establecer el Centro Justo en su honor.

Descubrí que Justo es un hombre muy humilde y que tiene un corazón de siervo. Él es el primero en levantarse para ayudar cuando organizamos las conferencias. Él trabaja junto con el personal cada vez que tiene la oportunidad de hacerlo. Es un verdadero pastor con un corazón de pastor. Nunca está demasiado ocupado como para no detenerse a hablar con alguien.

Y él es el primero en decir: "Permíteme contarte una historia".

Mencioné antes algunos datos de la vida de Atanasio. Ahora hablo de Justo, pero no de los datos de su vida. Hago preguntas sobre la parábola de su vida, la historia que Dios ha "lanzado" junto a esos datos. ¿Cambiará la vida de Justo tu vida? Él ha cambiado muchas vidas y ha cambiado el panorama teológico actual. ¿El leer algo sobre su vida te lleva a querer ser como él? Si es así, has elegido un excelente modelo. ¿Hay algo en la historia de Justo que te impulse a caminar más cerca del Cristo a quien él ama? Sé que esa es su oración.

Como Justo mismo lo dice en su reflexión, las palabras son poderosas. Las parábolas son poderosas. La parábola que es la vida de una persona escrita por el gran Contador de Historias es poderosa. La muerte no puede vencerla ni las puertas del infierno prevalecerán contra ella.

La historia, siempre la historia

Apuntes sobre la vida de Justo L. González
Marcos Antonio Ramos

El 9 de agosto de 1937 en Rancho Boyeros, Municipio de Santiago de las Vegas, La Habana[1], Cuba, nace Justo Luis González García. El año había iniciado con un nuevo ocupante en el Palacio Presidencial de La Habana. El abogado Federico Laredo Brú, elegido vicepresidente meses atrás, había tomado posesión como primer mandatario el 24 de diciembre de 1936, la tradicional "Nochebuena" de la Navidad cubana. Su predecesor en la Presidencia, Miguel Mariano Gómez, había sido destituido por el Congreso de la República mediante la más polémica decisión parlamentaria en la historia de Cuba. Gómez se había opuesto a un nuevo impuesto que permitiría la ampliación del sistema educativo extendiéndolo a regiones rurales sin escuelas. La zafra azucarera, actividad que determinaba el curso de la economía nacional, había sido fijada en casi tres millones de toneladas de azúcar para 1937 y estaba mayormente destinada al mercado norteamericano. En enero se dio a conocer que serían deportados numerosos braceros haitianos, jamaicanos y otros antillanos de los campos de azúcar.

Todo eso estaría de seguro en la mente de un ciudadano como el profesor Justo González Carrasco, cristiano metodista, siempre interesado en los asuntos de su país, bastante crítico de las diferentes administraciones que se sucedían en el poder cada cierto número de años, de meses y hasta de días. Una de ellas

---

1. Rancho Boyeros ha llevado también el nombre de "General Peraza". En esa población radica el Aeropuerto Internacional "José Martí". El Dr. González nació en un hospital de esa localidad.

99

duró unas escasas horas. Conocedor de la historia de su patria, él había participado activamente en la revolución de 1933 que derrocó al presidente Gerardo Machado, reelegido como candidato único en 1928 después de hacer aprobar una nueva y polémica constitución redactada ese año la cual abría el camino para una "prórroga de poderes" para ciertos cargos y le había hecho perder gran parte del apoyo popular .

Para la esposa de Don Justo, la doctora Luisa García Acosta, sería probablemente de mayor interés la reciente creación de una Comisión Reorganizadora de la enseñanza en las Escuelas Normales para Maestros y otras "de nivel medio", así como los nuevos estatutos de la Universidad de La Habana, que había pasado a ser autónoma como consecuencia del proceso revolucionario y las demandas estudiantiles. Aquella mujer culta e inteligente, capaz de discernir los más difíciles asuntos de la pedagogía y con un casi insuperado dominio del idioma español, conocía, como su esposo, el desarrollo del experimento político en la mayor de las Antillas.

Pero en aquel 9 de agosto de 1937, el modesto hogar de Doña Luisa y Don Justo, como nos referiremos a estos intelectuales cristianos, estaba de fiesta por motivos muy diferentes a la política, las revoluciones, las nuevas leyes y los gobiernos provisionales. En esa fecha nació su hijo Justo Luis González García. La casa de los esposos González estaba radicada en el barrio habanero de La Víbora. Los familiares y amigos que concurrieron a felicitar a la feliz pareja no podían anticipar que el recién nacido llegaría a ser uno de los más prolíficos y respetados historiadores eclesiásticos de América, autor de importantes textos que serían utilizados en seminarios, escuelas de ciencias de la religión y universidades en numerosos países, entre ellos los Estados Unidos, la nación con mayor influencia en la historia de Cuba en la primera mitad del siglo XX. Cinco años antes, en 1932, había nacido Jorge Augusto González García, el primer hijo del matrimonio. Con el transcurso del tiempo, Jorge llegó a ser un notable profesor de Antiguo Testamento en Berry College, institución universitaria en Georgia, en EE.UU. Él recibió su formación académica en el Instituto Pre Universitario de La Habana, en el Seminario Evangélico de Teología de Matanzas y en Candler School of Theology de la Universidad de Emory donde obtendría un doctorado (Ph.D.) en Antiguo Testamento.

Justo Luis nacía en un hogar cristiano, en una familia con estrechos vínculos con la comunidad protestante. Su padre procedía de la zona de San Antonio de Río Blanco en la provincia de La Habana, y sus primeros contactos con el evangelio habían sido con el misionero cuáquero Arthur Pain, dedicado al evangelismo en aquella región. Sería Don Justo quien escribiría, muchos años después, una inspiradora biografía de aquel misionero conocido en muchas partes de Cuba como "Mister Pain". El libro llevaría como título "Sembrador a Voleo" ya que el autor concentró su enfoque en la metodología del misionero, el cual tenía más interés en la conversión de las almas que en aspectos institucionales de la denominación cuáquera. Con el tiempo, Don Justo se unió a la Iglesia Metodista, a la cual estaría afiliada Doña Luisa.

El protestantismo, aunque minoritario, se había extendido por toda Cuba. En Santiago de Las Vegas se había establecido desde principios de siglo una congregación metodista a la cual no asistía la familia de Doña Luisa. Un tío de la futura autora de textos escolares fue a visitarles. Este pariente se había convertido en Nueva York y durante su visita habló de su experiencia religiosa, regalándoles una Biblia y otros materiales de lectura antes de partir. Aunque prometieron leerlos, no lo hicieron hasta enterarse que el tío, al regresar hacia Nueva York, había sido víctima de un naufragio. Como señal de respeto, decidieron leer las Escrituras y visitar la iglesia metodista de la ciudad. Así se inició la asistencia de Doña Luisa a la iglesia, donde leegaría a ocupar importantes cargos. Algún tiempo después, Don Justo fue nombrado pastor de la congregación y allí surgió el amor entre los dos jóvenes, los cuales fundaron una familia que contribuiría no sólo a la iglesia cubana sino también a la obra cristiana en muchos otros países.

La convulsa situación del país complicó la vida de los jóvenes esposos. Don Justo fue encarcelado por su oposición al gobierno de Machado. Por años había sido uno de los líderes del movimiento conocido como ABC, fundado por su amigo Joaquín Martínez Sáenz. El régimen machadista fue derrocado en 1933, pero muy pronto Don Justo se sentiría frustrado con las luchas revolucionarias. El programa del ABC no fue adoptado, y ese movimiento sólo pudo participar, si acaso, como socio menor en gobiernos posteriores al triunfo de aquella revolución, identificada históricamente con "la generación de los años treinta". El padre del futuro historiador se había distinguido, pues, como revolucionario, pero muchos lo conocerían más bien como predicador y maestro, aunque también se le anotarían en su resumen de vida labores como novelista, editor y funcionario público. Y en el periodismo se destacaría su condición de editor del periódico "Denuncia", del movimiento ABC, y sus escritos en "Alerta".

Con el tiempo, junto a su esposa, Don Justo fundó el programa de alfabetización ALFALIT, el cual se extendería gradualmente por toda América Latina y el mundo y por el cual recibirían premios tan importantes como los otorgados por la UNESCO y por varios gobiernos e instituciones. Don Justo había concebido ideas que contribuirían al desarrollo del país, entre ellas un departamento dentro del Ministerio de Agricultura encargado de preparar y difundir materiales científicos y de promoción del agro que transformarían la vida a agricultores y empresarios agrícolas. A fines del primer gobierno de Fulgencio Batista (1940-1944), Don Justo se vio obligado a abandonar esas funciones, pero presentó una demanda judicial que obligaría al gobierno a reintegrarle al cargo, lo cual ocurrió a principios del segundo gobierno de Batista (1952-1958). Su honradez e integridad harían de él un funcionario muy diferente. En un país donde la política era considerada "la segunda zafra", por ser una gran fuente de riqueza, los González vivieron siempre una vida caracterizada por la modestia y la austeridad.

Como hemos visto, Don Justo combinó la condición de educador con otras funciones. Por sus actividades contra el gobierno de Machado, Don Justo fue encarcelado en el histórico, pero tenebroso, Castillo del Príncipe, en La Habana, y trasladado después a otra temida prisión, situada en la Isla de Pinos (hoy Isla de la Juventud). Le correspondió a Doña Luisa criar y cuidar por sí sola a Jorge hasta la caída del régimen. Ella misma me relató que su primogénito comió su primera galleta en el Castillo del Príncipe.

Doña Luisa tuvo como su ocupación principal la enseñanza de Gramática y Ortografía, y escribió varios textos escolares. Doña Luisa participó en la fundación y la consolidación de la primera fase de ALFALIT. También llegó a ser directora del prestigioso Colegio Phillips en la capital. Generaciones de cubanos la recuerdan como la autora de magníficos libros de texto para el estudio del idioma español, utilizados por escuelas públicas y privadas tanto en Cuba como en otros países de la América española. Mencionar su nombre todavía haría recordar a miles de alumnos y antiguos estudiantes las clases de la asignatura "Lenguaje" exigida en los planes de estudio de la época[2].

Pasados los años, ya en los años cuarenta, la situación económica, aunque bajo gobiernos constitucionalmente elegidos, era bastante difícil. Los compañeros de escuela de Justo Luis eran hijos de diplomáticos y de empresarios internacionales y tenían cuanto juguete pudiera imaginarse. Pero el principal juguete que tenía Justo Luis era un par de cajas que guardaba como un tesoro bajo la cama, llenas de líneas de linotipo y de clichés. Para información de las nuevas generaciones, acostumbradas a otros recursos tecnológicos, una línea de linotipo era una estrecha plancha de plomo, de unas seis a ocho pulgadas de largo, en las que se había fundido una línea de un texto para imprimirlo. Un cliché era un bloque de madera con una lámina metálica en la que había una fotografía. Con esos clichés y líneas de linotipo se preparaba una plana para cada página. Con aquellas piezas de plomo y de madera construyó castillos, palacios, puentes y carreteras. Hoy no se le hubiera dejado jugar con algo que contenía tanto plomo, hasta el punto que hubiera podido afectarlo.

Algo que contribuiría de manera significativa a la formación de Justo era el estilo de vida hogareño. Todavía no había televisión y se disponía de más tiempo para hablar y aprender. Por las noches, terminada la cena, la familia quedaba a la mesa conversando. El grupo familiar lo integraban, sus padres y su hermano Jorge y otros parientes que por alguna razón vivían con ellos —un tío soltero que era corrector de pruebas, una tía maestra y su esposo, empleado de una firma industrial, pero que en sus ratos libres se dedicaba también a escribir. Con frecuencia, las conversaciones llevaban a discusiones gramaticales o literarias —qué expresaba el poeta Fulano con tales versos, o si lo correcto era decir así o asá. Entonces cada cual acudía a sus autoridades —especialmente al Diccionario y la Gramática de la Real Academia Española (RAE) que, junto a la Biblia, ocupaban un lugar

---

2. Estos datos y gran parte de la información sobre la familia González que se comparte en este trabajo han sido extraídos de conversaciones con el Dr. Justo Luis González y otros familiares.

de honor en un mueble detrás de Don Justo. Era el comienzo de una larga vida entre autores, periodistas, correctores de estilo y de pruebas, escritos y toda la pléyade de ocupaciones y oficios dedicados a la palabra impresa. Hasta el día de hoy, entre los libros que ocupan un lugar de honor junto al escritorio de Justo Luis están, además de la Biblia, la Gramática y el Diccionario de la Real Academia—ahora en dos tomos.

Los primeros recuerdos de Justo son los de una casa situada en Manrique número 909 en la capital cubana, residencia a la que su familia se había trasladado después de su nacimiento y estaba en los altos de una mueblería. Allí fue bautizado a la edad de siete años junto a su hermano Jorge, de doce. El pastor Carlos Pérez Ramos ofició la ceremonia. Cuando contaba unos ocho años de edad se mudaron a Nicanor del Campo (Calle 6 entre 2 y 4), en la ciudad de Marianao. Antes de mudarse en 1950 para Alturas del Bosque, también en Marianao, sus padres llevaron por primera vez un grupo de muchachos al Camp Adventure en el lago Junaluska, Carolina del Norte, sitio dedicado a actividades metodistas. Corría el año 1945, cuando se dio la primera salida de Justo Luis al extranjero. No pasaba por la mente infantil del futuro historiador que estaba destinado a vivir la mayor parte de su vida lejos de su tierra natal.

La mudanza a Alturas del Bosque en el año 1951 tenía relación con el trabajo de sus padres como profesores del Colegio Candler. Su nueva residencia estaba situada detrás de ese plantel. Allí vivirían hasta 1954 cuando construyeron una casa en Ampliación de Mulgoba, en la ciudad de Santiago de las Vegas. Pero Justo Luis no residiría allí ya que ese año pasaría a estudiar en el Seminario Evangélico de Teología en la ciudad de Matanzas, para continuar una formación académica comenzada años atrás.

Los estudios del joven González se habían iniciado en el Colegio Phillips, del cual su madre llegaría a ser la directora. La escuela era propiedad de Charles Sargent y Rosabel (Gilbert) Sargent. Rosabel era hija de misioneros que se habían ido del país. Cuando Justo Luis ingresó en el plantel, éste se había convertido ya en una escuela privada de niños "bien", es decir, de buena posición económica, con la excepción de algunos como Justo Luis. En Cuba y otros países muchas escuelas eran llamadas colegios, sobre todo si ofrecían estudios de segunda enseñanza. Las clases en el Colegio Phillips eran en inglés y español y la escuela estaba situada en el Reparto Kohly. Allí cursaría desde el Kindergarten hasta el séptimo grado.

Después llegarían los estudios de segunda enseñanza, iniciados en el Colegio Candler, donde trabajaron por un tiempo sus padres. "El Candler" como era generalmente conocida la escuela, era el mayor colegio protestante de la zona metropolitana de La Habana. Llevaba ese nombre en honor de Warren Candler, quien había sido obispo de Cuba (al mismo tiempo que de la Florida) y era hermano del fundador de la Coca-Cola. Ese nombre lo lleva también la escuela de teología de la Universidad de Emory en Atlanta. El Candler cubano, por llamarle así, estaba situado en el municipio de Marianao y era muy conocido en el resto del país, de donde procedían buena parte de los alumnos. El director del colegio era Carlos Pérez Ramos, el clérigo que había bautizado a Justo Luis.

La familia tenía excelentes relaciones en la denominación y en el Colegio Candler. Doña Luisa era altamente apreciada en el Colegio Phillips, donde también enseñaba. Después de dos años en el Candler, al pasar su madre a trabajar de tiempo completo en la dirección de Phillips y su padre regresar a su empleo en el Ministerio de Agricultura, Justo Luis no podía seguir disfrutando de una beca en el Candler y entonces se matriculó en el Instituto Pre-Universitario de Marianao, en el cual completó la segunda enseñanza, obteniendo en 1954 los títulos de Bachiller en Ciencias y Bachiller en Letras, credenciales que le abrirían las puertas de la Universidad de La Habana, fundada en 1728.

Entre los años 1952 y 1954, cuando era todavía estudiante en Marianao, Justo Luis inició un pequeño negocio de clases privadas que les daba a sus compañeros de estudio, recibiendo veinte pesos por estudiante, equivalentes entonces a veinte dólares. El joven tutor cuenta que en un momento dado pensó que se estaba volviendo rico. Aquella cantidad, multiplicada por unos veinte estudiantes que recibían clases, era casi una fortuna en aquellos tiempos.

Para un joven cubano de aquella época, el estudiar en la Universidad de La Habana era quizás la meta más importante. Justo Luis matriculó la carrera de Filosofía y Letras que ofrecía, entre otras, la especialidad Histórico-Geográfica. Por espacio de tres años estudió Filosofía, Literatura, Griego, Latín, Humanidades.

Los profesores estaban entre los más prestigiosos del país, y el futuro historiador tuvo que someterse a sus rigurosos exámenes. La lista podía ser considerada algo así como un "quién es quien" de la intelectualidad cubana. Por citar sólo unos nombres acudimos a los de los doctores Herminio Portell-Vilá, uno de los más reconocidos historiadores cubanos; Manuel Bisbé, especialista en cultura griega y notable político; Vicentina Antuña, latinista eminente que ocuparía la Dirección de Cultura del Ministerio de Educación en la primera etapa del gobierno del comandante Fidel Castro. Muchos de los catedráticos habían cursado estudios y trabajado como profesores en universidades extranjeras.

El ambiente estudiantil estaba altamente politizado en los años en que Justo Luis cursó estudios superiores (1954-1957). Se trataba de una vieja tradición que obligaba a estudiantes con deseo de superación intelectual a compartir las aulas con otros cuyo interés era mayormente la política o al menos ser mencionados en noticias y comentarios de actualidad. Un joven nacido en 1937 como Justo Luis, aunque consagrado a sus estudios, viviría necesariamente sus primeros años y su juventud en un país en el cual la política era el "pan nuestro de cada día".

Antes de concluir Justo Luis sus estudios secundarios se produjo el golpe de estado militar del 10 de marzo de 1952. Las fuerzas armadas pusieron el poder en manos de su líder histórico, el general Batista, quien regresó a la presidencia con una política contraria a cualquier participación comunista en el gobierno o en el movimiento obrero, pero recibió el apoyo de los sindicatos, que desde 1947 eran dirigidos mayormente por miembros del partido político PRC (A). Batista, como en su administración anterior (1940-1944) siguió manteniendo, y hasta ampliando, las reformas sociales de la Revolución de los años treinta. Pero eran los días de la Guerra Fría y el presidente de EE.UU., Harry Truman, recompensando su nueva actitud anticomunista, le extendió con rapidez reconocimiento diplomático al nuevo gobierno. El gobierno de Washington presionaba a los presidentes de América Latina a ilegalizar los partidos comunistas. La administración de Batista logró también eliminar la violencia de los "grupos de acción", pero los estudiantes universitarios, que muchas veces se habían opuesto a los gobiernos del PRC (A), iniciaron una nueva etapa de agitación para oponerse al régimen batistiano. Es en ese período que Justo Luis ingresa en la Universidad de La Habana.

Don Justo, atento a los avances estudiantiles de sus hijos, había regresado en 1952, por decisión del Tribunal Supremo, a un cargo en el Ministerio de Agricultura. A pesar del golpe militar se respetaba la separación de poderes que permitía a los tribunales un alto grado de independencia. Ya se ha señalado que, al salir temporalmente de su condición de funcionario público Don Justo había trabajado como profesor y como pastor de iglesias metodistas.

Contemplando el cuadro político del país, Don Justo iniciaría el proceso que años después llevaría a la publicación de su libro "Apocalipsis del Ciudadano". En él, como una especie de profeta, advertiría con claridad sobre los problemas futuros que vendrían como consecuencia tanto de los gobiernos del período capitalista como del régimen revolucionario de Castro. Escrito con esa visión profética y lenguaje cristiano, el contenido del libro, y de otros escritos de Don Justo, no coincidiría con los proyectos oficialistas, lo cual le causaría graves problemas al autor a pesar del estilo respetuoso y la ausencia de partidarismo en sus páginas[3].

Tal era el entorno en que el joven estudiante Justo Luis se desenvolvía. De 1954 a 1957 estudió en la Universidad de La Habana, donde tomaba asignaturas seculares y, al mismo tiempo, en el Seminario Evangélico de Teología situado en Matanzas. El seminario había sido inaugurado el primero de octubre de 1946, en una reunión celebrada en el salón de actos del Colegio Irene Toland, institución metodista en la ciudad de Matanzas. Las iglesias Presbiteriana y Metodista, mediante los funcionarios más altos de sus denominaciones en Cuba y los representantes de las respectivas juntas misioneras, habían decidido llevar adelante los planes para el inicio de un seminario unido. El plantel sería reconocido como una de las mejores escuelas teológicas en la América española. Entre sus profesores en las primeras etapas estuvieron Carl. D. Steward, Lorraine Buck, Robert L. Wharton, Raymond Strong, David White, Mauricio Daily y las esposas de Daily y Stewart. Varios cubanos se

---

3. Don Justo, padre de Justo Luis González, escribió una respetuosa y documentada carta a Fidel Castro en 1959 advirtiéndole sobre posibles errores y desafíos que tendría que enfrentar si se desviaba del camino que había prometido seguir.

integraron al profesorado, como Francisco Norniella, Alfonso Rodríguez Hidalgo y Francisco García. La directiva la componían un número igual de miembros de las iglesias Metodista y Presbiteriana con S. A. Neblett (metodista) como presidente y Francisco García (presbiteriano) como secretario. Con la entrada de los episcopales en el seminario en 1951 se unieron a la facultad Milton Le Roy, Ramón Viñas y Romualdo González Agüeros. La institución contaba originalmente con una mayoría de profesores norteamericanos, misioneros todos ellos, pero el número de cubanos aumentaría rápidamente pues el seminario se proponía seriamente intensificar esa presencia.

En 1954, al iniciarse el curso en la universidad y el seminario, se llevaba a cabo una campaña electoral en la que el general Batista quería repetir su victoria de 1940 y legitimar el gobierno que encabezaba desde 1952. Batista permitía actividades de los grupos de oposición que no se proponían derrocarle por la fuerza. Pero, ya con Justo Luis en las aulas de La Habana y Matanzas, el único candidato de oposición postulado para los comicios del primero de noviembre de 1954, el ex presidente Grau San Martín, se retiró de la contienda, facilitando el triunfo de Batista como candidato único.

Mientras tanto, el joven estudiante González iría trasladando sus inquietudes intelectuales al estudio de la historia, pero también sobresaldría en otras materias, entre ellas la geografía, que le había atraído inicialmente. Su profesor de Teología fue Alfonso Rodríguez Hidalgo, conocido cariñosamente por los evangélicos cubanos como "el maestro Alfonso". La Historia del Pensamiento Cristiano, asignatura en la que Justo Luis se distinguiría en el futuro como autor de textos importantes, estaba cargo de David White, metodista. Ramón Viñas, episcopal y ex sacerdote católico enseñaba Historia de la Iglesia y Griego. Francisco Norniella, presbiteriano, era profesor de Antiguo Testamento.

En el Seminario de Matanzas, Justo Luis tuvo entre compañeros futuros clérigos y educadores que ocuparían cargos de importancia. Armando Rodríguez sería obispo metodista. Antonio Welty, alto ejecutivo presbiteriano en EE.UU. Omar Díaz de Arce, futuro historiador y profesor de Historia Latinoamericana. Entre sus compañeras estuvo Nina Ulloa, que sería esposa del obispo Onell Soto y una persona muy apreciada en las iglesias episcopales en América Latina. Como parte de sus estudios teológicos, a Justo Luis se le encargó predicar en iglesias y misiones cercanas a la ciudad de Matanzas, llamada "La Atenas de Cuba" por haber producido infinidad de poetas y otros literatos. Primero atendió como pastor-estudiante la iglesia Metodista del Reparto Dubroq, y luego fue pastor asistente de la Iglesia Metodista Central de Matanzas. Pero el obispo John Branscomb y su gabinete tenían otros planes para el futuro historiador. En aquella época el Obispo de la Florida ejercía todavía jurisdicción episcopal sobre el archipiélago cubano, que incluía a Cuba, la Isla de Pinos e islas adyacentes. Así, la Iglesia Metodista decidió enviar a Justo Luis a la Universidad de Yale, situada en New Haven, Connecticut. El joven estudiante desconocía que sus futuras labores, y no sólo las relacionadas con sus estudios, se desarrollarían en otras geografías.

En 1957, González había culminado con altas calificaciones sus estudios en Matanzas. Se le confirió el grado de Bachiller en Sagrada Teología y fue ordenado como diácono. También había cursado tres años en la Universidad de La Habana, pero esa institución fue cerrada temporalmente por la situación del país que se había deteriorado. Los estudiantes tendrían que decidir entre nuevos horizontes académicos o entregarse a actividades insurreccionales.

El 13 de marzo de 1957, antes de la graduación del seminario en Matanzas, se había realizado en La Habana un intento de asesinato del general Batista mediante un ataque al Palacio Presidencial, acción a cargo del Directorio Revolucionario, encabezado por el líder estudiantil católico José Antonio Echevarría. Después del fracaso de ese intento se tomaron medidas represivas contra los participantes, lo cual costó la vida a varios de ellos. Antes de producirse esos hechos, los partidarios de Fidel Castro habían organizado en México una expedición armada y operaban en las montañas de la Sierra Maestra desde fines de 1956 combatiendo contra las tropas del gobierno.

La represión se intensificaba. Pero las iglesias continuaban con la libertad acostumbrada sus actividades y proyectos, entre ellos los de formación teológica. Así, como se mencionó antes, fue por decisión de su iglesia que se abriría un nuevo camino para el joven estudiante ministerial. Justo Luis había sido seleccionado para dirigirse a Estados Unidos a continuar su educación teológica. Terminaban así sus días cubanos. Se iniciaban sus actividades en tierra extranjera. Se le abrían las puertas de la Universidad de Yale, situada en la cúspide del sistema universitario estadounidense.

Justo Luis llegó a Estados Unidos durante la administración republicana de Dwight Eisenhower. En 1957 el país vivía un período en el cual ya se notaba la lucha a favor de los derechos civiles. Su entrada en EE.UU. fue por el aeropuerto de Miami, pero pronto estaría en Washington en reuniones de orientación de estudiantes metodistas. De la capital federal pasaría a Yale e ingresaría en un ambiente muy diferente al cubano, rodeado de anglosajones blancos protestantes y de algunos estudiantes extranjeros.

La Universidad de Yale fue fundada en 1701 para la formación de clérigos y otros líderes. Su nombre original era "Collegiate School". En 1861 se convirtió en la primera universidad norteamericana en otorgar el grado académico más alto, el de Ph.D., o Doctor en Filosofía. Allí tendría el joven estudiante cubano como profesor a George Linbeck, teólogo luterano que enseñaba allí desde 1952 debido a su fama como teólogo y por su conocimiento del período medieval. También se distinguía en la cátedra H .Richard Niehbur, el hermano menor de Reinhold Niehbur y, como él, una de las figuras centrales de la teología neo-ortodoxa. H. Richard Niehbur fue un eticista, y con Hans William Frei ejerció gran influencia sobre la teología postliberal de la llamada "Escuela de Yale". El futuro autor de libros de Historia de la Iglesia tendría como su vecino en Yale al profesor jubilado Kenneth Scott Latourette, ministro bautista, célebre historiador del cristianismo y considerado en su tiempo la más alta autoridad norteamericana en historia de China. La habitación del estudiante cubano estaba situada al lado de la oficina de Latourette. Además, González tendría el privilegio de trabajar en la oficina de Roland Bainton, profesor de Historia Eclesiástica, cuyos libros sobre la materia siguen siendo utilizados en universidades y seminarios teológicos, entre ellos una biografía de Lutero. La lista de profesores y autores eminentes allí presentes es impresionante. Justo Luis estaba en el lugar indicado.

En 1958, González terminó la primera parte de sus estudios en Yale, y se le confirió el grado de Master en Sagrada Teología (S.T.M.). Inmediatamente partió hacia Europa, cursando un año de estudios en las célebres universidades de Estrasburgo, en

Francia, y Basilea, en Suiza. En este último plantel tomó un curso con el gran teólogo Karl Barth. En 1959, entre sus estudios en Estrasburgo y su regreso a Yale, que Justo Luis contrajo matrimonio con una joven de la ciudad de Matanzas con quien se había comprometido dos años antes. Aunque el matrimonio fracasó, producto de él fue una niña a quien criaría junto a su segunda esposa, Catherine, y de quien tuvo dos nietas, un bisnieto y una bisnieta. Más adelante, en 1960, ya de regreso en Yale, recibió allí el título de Master en Artes en Religión (M.A.) . En 1961, esa misma institución le confirió el Doctorado en Filosofía (Ph.D.) con especialidad en Historia del Pensamiento Cristiano, lo cual le hizo el estudiante más joven en la historia de Yale en recibir ese grado. Contaba sólo con 23 años de edad el día de su graduación. Su tesis doctoral, muy bien recibida por los examinadores, había sido sobre la Cristología de San Buenaventura. Ese mismo año los acontecimientos en su nativa Cuba fueron trascendentales. El fracaso en abril del desembarco de una brigada de cubanos opuestos al gobierno de Fidel Castro ocurrió pocos meses después de la toma de posesión del presidente John F. Kennedy en Washington el 20 de enero. Días antes de la invasión Fidel Castro proclamó el carácter socialista de su Revolución y a fines de 1961 se declaró marxista-leninista. Desde el primero de enero de 1959 Fidel Castro estaba en el poder. En la madrugada de ese día, Fulgencio Batista había abandonado Cuba.

El año 1961 sería importante para Justo ya que marcaría el inicio formal de su carrera como profesor pues fue designado para enseñar en el Seminario Evangélico de Puerto Rico en Río Piedras, en la zona metropolitana de San Juan. Allí enseñaría por ocho años cursos sobre Historia del Pensamiento Cristiano y sobre Historia de la Iglesia así como otras asignaturas relacionadas a la teología. Durante el primer año su salario fue pagado por la Junta de Misiones de la Iglesia Metodista. Sin embargo, fue el historiador Roland Bainton quien tomó la iniciativa de recomendar que la Fundación Lilly se ocupara del sustento económico para que el ahora Dr. Justo L. González pudiera dedicar también algún tiempo a escribir. Muchos años después, a partir de la década de los ochenta, Justo Luis trabajaría en sus proyectos con el apoyo de otra fundación, The Pew Charitable Trusts.

Durante sus ocho años en Puerto Rico, el Seminario fue presidido por Thomas Liggett, de los Discípulos de Cristo, por

Raymond Strong, presbiteriano, y por Gildo Sánchez, metodista. Entre los profesores más conocidos que Justo Luis tuvo como colegas están Jorge Pixley, bautista, Carlos Amado Ruíz, de la Iglesia Evangélica Dominicana y José Aracelio Cardona, presbiteriano. Además de profesor, González llegó a desempeñar allí el cargo de Decano Académico. Fue en tierra puertorriqueña que el joven profesor escribiría sus primeros libros, actividad a la que dedicó tiempo desde principios de los años sesenta. El primero de ellos, Revolución y Encarnación, sería publicado en 1965 por La Reforma, editorial puertorriqueña, la cual imprimió una segunda edición en 1966. Ese mismo año fue puesto en circulación por esa editorial el ensayo Por la renovación del entendimiento. También en 1965 fue publicado el primer volumen de su Historia del pensamiento cristiano por la casa publicadora Methopress, de Buenos Aires. En 1969, el último año de su profesorado en Puerto Rico, la editorial Eerdmans, de Grand Rapids, Michigan, publicó su primera obra en lengua inglesa *The Development of Christianity in the Latin Caribbean*. Fue en Puerto Rico también donde recibió la ordenación como presbítero.

Los años de Justo Luis en Puerto Rico fueron fundacionales para su flamante carrera como profesor y escritor. El joven historiador, que había cultivado excelentes relaciones con eruditos norteamericanos y europeos en sus años en Yale, Estrasburgo y Basilea, tendría entre sus estudiantes a futuros historiadores y teólogos hispanoamericanos como Luis Rivera Pagán, quien llegaría a ser considerado como un historiador de fama continental y se desempeñaría como profesor en Princeton. Otras amistades surgirían en sus múltiples visitas a iglesias en la "Isla del Encanto". Era un lugar adecuado para adquirir una visión ecuménica. Iglesias de una amplia variedad de denominaciones y con diferentes teologías abrieron sus púlpitos al profesor cubano. González, que había sido ordenado allí como presbítero, pasó a formar parte de la Conferencia Anual de la Iglesia Metodista de Puerto Rico como miembro en plena conexión, dedicado exclusivamente a la enseñanza teológica ya que en la práctica no sirvió como pastor itinerante. Con el tiempo sería miembro de la Conferencia Anual de North Georgia y en la década de 1980, aunque manteniendo su residencia en Georgia, se incorporaría a la Conferencia Anual de Río Grande, Texas, compuesta por iglesias y predicadores de habla española.

A partir de 1969 y hasta 1977 González ejerció como profesor de Cristianismo Mundial (World Christianity) en Candler School of Theology, la escuela de teología de la Universidad de Emory. También se le encargaron cursos de Historia del Pensamiento Cristiano y otras asignaturas relacionadas con la historia y que, a diferencia de los del Seminario en Puerto Rico, enseñó en lengua inglesa.

A principios del 1973 conoció a la doctora Catherine Gunsalus, con quien contrajo matrimonio el 18 de diciembre de ese año. Catherine es descendiente lejana de Manuel González, quien con dos hermanos había huido de España y de la llamada Santa Inquisición a principios del siglo XVII, pues eran protestantes. Poco después se asentaron en lo que entonces era New Holland (Nueva Holanda) y hoy es el estado de Nueva York. Allí vivió Catherine hasta que salió a estudiar, primero a Filadelfia y luego a Boston. Fue precisamente en la Universidad de Boston donde obtuvo su Ph.D., en Teología Histórica en 1964. Luego pasó a ser profesora primero en West Virginia Wesleyan College y después en el Seminario Presbiteriano de Louisville, Kentucky. Allí continuó sus labores docentes hasta trasladarse a Georgia en 1974 como profesora de Columbia Theological Seminary, a raíz de su matrimonio con Justo. Dicho seminario se encuentra muy cerca de la Universidad de Emory, donde Justo era a la sazón profesor. Catherine se convirtió en colega de su esposo como historiadora y desempeñaría también un gran papel en las actividades literarias e investigativas de Justo Luis.

Los años en Emory serían también productivos en la carrera de González como escritor. En 1970, Methopress publicaría su *Historia de las Misiones*. Ese mismo año el Centro de Publicaciones Cristianas de San José, Costa Rica publicó *Ambrosio de Milán* y Justo Luis tuvo la satisfacción de ver publicada por Abingdon Press la versión inglesa del primer volumen de *Historia del Pensamiento Cristiano* con el título *From the Beginnings to the Council of Chalcedon*. En 1971, Abingdon Press puso en circulación, también en inglés *From Saint Augustine to the Eve of the Reformation*, el segundo volumen de su *Historia del Pensamiento Cristiano*. Al año siguiente apareció en español, publicado por Methopress, el segundo volumen de esa obra: *Desde San Agustín hasta las vísperas de la Reforma*. Pronto sería traducida y publicada en chino, portugués, coreano y otros idiomas. Su condición de historiador de la Iglesia no sólo era ya reconocida internacionalmente sino que su rigurosa erudición atraía excelentes comentarios, muy favorables en algunas publicaciones especializadas. Además de ser utilizados en colegios universitarios, seminarios y escuelas de religión en varios países, los textos de González se fueron convirtiendo en indispensables en los países de habla española. En esos años se inicia por Editorial Caribe de Miami la publicación en diez volúmenes de *Y hasta lo último de la tierra: Una historia ilustrada del cristianismo*. Pronto estarían circulando los tomos que iniciaron con *La era de los mártires* y terminaron con *La era inconclusa*. Todos los períodos importantes de la historia del cristianismo estaban ahora a disposición de estudiantes teológicos en América Latina y España, escritos por el primer protestante hispano que, como nos recuerda la profesora Zaida Maldonado Pérez, fue escogido para enseñar Historia de la Iglesia en una escuela de estudios teológicos avanzados en el mundo anglosajón.

Antes de terminar su profesorado en Emory, González publicó en Editorial Caribe de San José y Miami (1975) la primera edición de *Jesucristo es el Señor* e *Itinerario de la teología cristiana*. Con su esposa Catherine, Justo Luis publicó en la editorial John Knox de Atlanta (1977) *Their Souls Did Magnify the Lord: Studies on Biblical Women*, que circula en español con el título *Sus almas engrandecieron al Señor* (Miami, Editorial Caribe, 1977).

El autor de estos apuntes biográficos ha sido uno de tantos profesores de Historia de la Iglesia que ha utilizado durante gran parte de su carrera académica, desde su primera edición en 1984, los dos volúmenes de su texto en inglés *The Story of Christianity*. Dichos volúmenes han sido traducidos a infinidad de idiomas de América, Europa y Asia. Me refiero a *Early and Medieval Christianity* y *From the Reformation to the Present*.

Entre sus obras se destacan numerosas contribuciones que han sido de enorme ayuda a los estudiosos de las materias históricas y eclesiológicas. Entre ellas se destaca *The Changing Shape of Church History* publicada por la editorial Chalice de St. Louis, Missouri. Entre las publicadas por Kairos de Buenos Aires se deben mencionar *Mapas para la historia futura de la Iglesia* (2001) y también *Retorno a la historia del Pensamiento Cristiano* (2004). Antes de mi jubilación como profesor, su libro *Mañana* que tanto nos revela sobre el futuro de la teología hispana en EE.UU., fue el favorito de mis estudiantes, tanto anglos como hispanos. En el presente libro, tanto el Dr. Steve Bevans como el Dr. Carlos Cardoza-Orlandi prestan debida atención a las contribuciones de González al quehacer teológico de la iglesia en general y de la iglesia hispana en particular, respectivamente. Al escribirse estos apuntes, el número de libros publicados por González sobrepasa el centenar, 116 para ser exactos, a los que sería necesario añadir más de mil artículos y ensayos publicados en "Theology Today", "Church History", "World Call", "Encounter", "Presbyterian Life", "Missiology","The Living Pulpit" y muchísimas otras revistas especializadas. Sus publicaciones han sido no solo de carácter académico y erudito sino también asequibles a revistas dedicadas a escuelas dominicales y programas de formación para laicos. Ha escrito artículos para el *Dictionary of Bible and Religion* y el *Diccionario Ilustrado de la Biblia*, así como en diccionarios de Historia de la Iglesia. González fue editor del *Comentario Hispanoamericano de la Bibli*a de Editorial Caribe en el que trabajé con él como miembro del Comité Editorial de ese proyecto, en compañía de René Padilla, Samuel Pagán, Juan Rojas y Guillermo Cook. Nunca recibí mejores lecciones como editor que en aquellos días, cerca de Justo Luis. Además sirvió por veinte años como editor de "Apuntes", una de las revistas más reconocidas de teología hispana en los Estados Unidos.

Las conferencias de González necesitarían un capítulo aparte. Por décadas recorrería EE.UU. y el mundo. Entre muchas otras, en Norte América fue invitado por instituciones como Perkins, Vanderbilt, Vancouver School of Theology, Southeastern Baptist, New York Theological, Pacific School of Religion, Florida Center, Jesuit School of Theology, Claremont, Southern Baptist Theological Seminary, Boston University School of Theology, Lutheran Theological at Philadelphia, Moravian Theological, McCormick, Episcopal Theological Seminary of the Southwest y Andover Newton. Entre las instituciones latinoamericanas más reconocidas que visitó están la Comunidad Teológica de México, el Seminario Bautista de Chile, el Instituto Superior de Estudios Teológicos (ISEDET) en Argentina, el Seminario Bíblico Latinoamericano (SBL) en Costa Rica, el Seminario Bautista de Cochabamba, el Seminario Bautista de Cali, y el Seminario Teológico Menonita de Asunción. Ha dictado conferencias en lugares tan lejanos como New Brunswick, Canadá, París y Nanjin, China. Aquel estudiante llegado de Cuba a Yale en 1957 sería elegido como miembro

del Senado Universitario de la Iglesia Metodista Unida en los
EE.UU.; integraría la Comisión de Fe y Orden del Consejo Mundial de Iglesias y la Comisión de Fe y Orden del Consejo Nacional de Iglesias (EE.UU.) . Además, González trabajaría como
miembro de las juntas de directores y fideicomisarios de seminarios tales como Union Theological Seminary y New Brunswick
Seminary. Extraordinario fue su desempeño como miembro de
la Junta de Asesores del Programa México-Americano de Perkins School of Theology. Su capacidad de trabajo y cooperación
quedó demostrada no sólo con esas tareas sino con muchas otras
en comités de la Iglesia Presbiteriana de EE.UU., Church World
Service, Board of Agricultural Missions y otros más. Muy joven,
en el período 1967-1968 fue designado como Visiting Research
Fellow de la Universidad de Yale. Más adelante recibiría títulos
de Doctor honoris causa del Seminario Evangélico de Puerto Rico
(1994), Christian Theological Seminary (2004), Asbury Theological Seminary (2005), Warburg Theological Seminary (2006) y más
recientemente de la Universidad Interamericana de Puerto Rico
(2012). El profesor que ocupó cátedras en el Seminario Evangélico
de Puerto Rico (1961-1969) y Emory (1969-1977) enseñaría cursos
como profesor adjunto en Columbia Theological Seminary (1988-
1991) y como profesor invitado en Interdenominational Theological Center (1977-1988), el Seminario Bíblico de San José, Perkins School of Theology, Pacific School of Religion, McCormick
Theological Seminary entre otras instituciones teológicas González ha sido orador en reuniones eclesiásticas de gran importancia
como en numerosas conferencias anuales de la Iglesia Metodista,
sínodos, convenciones y asambleas presbiterianas, reformadas y
episcopales. Ha sido orador tanto en encuentros de los luteranos
de la Iglesia Evangélica Luterana de América como de los del Sínodo de Misuri. En América Latina recorrió todos los caminos y
sería aceptado por diferentes campos teológicos. Por citar un caso
fue invitado a pronunciar un discurso por las Asambleas de Dios
de México, así como por confesiones históricas y de los nuevos
movimientos evangélicos. Al mismo tiempo sería aceptado y reconocido en los más exigentes ambientes católicos romanos.

Pero para muchos la tarea más conocida de Justo Luis, después de los más de cien libros, cientos de artículos e infinidad de
ejemplares distribuidos por numerosos países, es su trabajo incansable a favor de la formación de mujeres y hombres que han

servido como líderes en las comunidades hispanas. Quizás este último aspecto de sus labores sea su contribución más importante. De ahí la importancia monumental del capítulo en este libro de la profesora Zaida Maldonado Pérez: "Justo: His Legacy of Forming Hispanic/Latina-o Leaders". En él la Dra. Maldonado Pérez atiende debidamente al legado de un historiador eminente, gran profesor, magnífico escritor, consultor de cuanto programa ha intentado beneficiar a los estudiantes y líderes religiosos, amigo admirable de todos sus colegas. Para decirlo con otras palabras, Justo Luis ha sido un benefactor generoso de los estudiantes hispanos de teología y otros estudios religiosos. Angel Vélez Oyola, Director de la Escuela de Religión del Recinto Metropolitano de la Universidad Interamericana de Puerto Rico, lo resumió mucho mejor que yo en una conversación en San Juan: "Nadie ha hecho tanto por los estudiantes hispanos de teología como Justo L. González."

En el año 2000, con un nuevo siglo por delante, Justo Luis González regresó brevemente a su nativa Cuba a la dedicación de la Biblioteca que su querido y admirado hermano Jorge había donado al siempre recordado Seminario Evangélico de Teología en Matanzas. Puedo imaginar el orgullo de mis compatriotas al recibirlo porque he experimentado lo que sienten por él hermanas y hermanos de nuestro idioma, latinas y latinos, residentes en EE.UU. y Canadá. Todos ellos agradecidos a aquél que les mostró el camino, les abrió la puerta y les acompañó en el sendero. Entre mis grandes orgullos está el de llamarle mi viejo amigo; el de venerar la memoria de sus padres, inolvidables para tanta buena gente, Don Justo y Doña Luisa; el de apreciar el aporte de su amada esposa e ilustre colega la doctora Catherine. Sentí una emoción muy profunda y sincera cuando el doctor Fernando Cascante, director del Justo González Center, me pidió me refiriera al admirado colega durante la Primera Conferencia Anual celebrada en su sede en Orlando, Florida, en octubre del 2012. Ese fue un privilegio que siempre atesoraré en el recuerdo.

Pero, si en el texto se hace la natural transición del Justo Luis, el profesor e historiador, al doctor González, el creador y promotor de programas de educación teológica para hispanas e hispanos, sigo creyendo en identificar estos apuntes como "La historia, siempre la historia", porque de ella es imposible separarlo. El doctor González ha dedicado su vida a investigar y divulgar la historia del cristianismo. Y será siempre necesario asociar su nombre con la historia de la educación teológica de latinas y latinos y también con la historia personal de clérigos y laicos de habla española en toda la América y en España. Para muchos de nosotros, la historia del cristianismo quedará siempre asociada, no sólo con sus libros, sino con la vida y obra de Justo Luis González.

Obras citadas

Duarte Oropesa, José. 1975. "Federico Laredo Brú" en *Enciclopedia de Cuba*. San Juan y Madrid: Enciclopedia de Datos Cubanos.

Fernández Miranda, Roberto. 1999. *Mis relaciones con el General Batista*. Miami: Ediciones Universal.

Portell-Vilá, Herminio. 1986. *Nueva Historia de la República de Cuba*. Miami: La Moderna Poesía.

Ramos, Marcos Antonio. 1986. *Panorama del Protestantismo en Cuba*. Miami/San José: Editorial Caribe.

Ramos, Marcos Antonio. 1989. *Protestantism and Revolution in Cuba*. Coral Gables: Institute for Interamerican Studies, Graduate School of International Studies, University of Miami.

Ramos, Marcos Antonio. 2002. *"Religion and Religiosity in Cuba: Past, Present and Future"* en Cuba: Occasional Paper Series. Novembe, Number 2, Washington: Trinity College.

Ramos, Marcos Antonio. 2007. *La Cuba de Castro y después: Entre la historia y la biografía*. Nashville: Thomas Nelson Publishers.

Soto, Leonel.1977. *La Revolución de 1933*. La Habana: Editorial de Ciencias Sociales.

Erudito entre los eruditos, hispano entre los hispanos:
El legado de Justo para toda la iglesia

Stephen Bevans, SVD
Catholic Theological Union, Chicago

Recuerdo con mucha claridad la primera vez que me encontré con Justo González. Fue en la cafetería del seminario Catholic Theological Union durante una conferencia para teólogos/as hispanos/as y latinos/as que mi amiga y entonces colega Ana María Pineda había organizado. Me alegró poder encontrarme con Justo quien tuvo su gracia habitual (como desde entonces lo descubrí), pero que a la vez me desafió por haberlo ubicado dentro del "modelo transcendental" en mi libro *Models of Contextual Theology* que se había publicado aproximadamente un año antes (Bevans 1992: 106-110).

Justo, fuertemente comprometido con la teología de la liberación en libros como *Faith and Wealth* (1990), *Mañana* (1990b) y *Liberation Preaching* (1980), sugirió que yo debería mejor haber ubicado su obra dentro de lo que yo llamo el "modelo praxis", es decir, un modelo que comienza con la acción o la experiencia y que se mueve, por medio de una relectura de las Escrituras y de la Tradición, a una nueva acción más fiel y efectiva. Aunque mi entendimiento de los modelos de la teología contextual fue claramente inclusivo, y aunque era claro que el *tema* de la liberación desempeñaba un papel clave en la obra de Justo, mi propia lectura de su obra era algo distinta y por eso creo que yo ya intuía la verdad de la tesis de su lectura: que la obra de Justo González tiene repercusiones más allá de la comunidad latina e hispana en la que y desde la que él hizo teología.

Cuando yo leo la obra de Justo, lo hago desde afuera, siendo un teólogo blanco de clase media. Pero al leer sus obras, lo primero que me llamó la atención fue su inmenso conocimiento de la tradición y el mensaje cristianos y, segundo (pero al mismo nivel), su pasión por su identidad como cubano/latino. Especialmente al leer *Mañana*, me llamó la atención el hecho que aquí estaba un cristiano profundamente auténtico tratando de darle sentido a su fe de modo que él pudiese vivir como auténticamente hispano. Como escribí en 1992, González procede "no por comenzar con la escritura y la tradición para traducir el mensaje a la cultura hispana, ni tampoco comienza con la cultura y demuestra cómo se conecta con el evangelio. El mensaje bíblico y la tradición teológica son explicados por *una persona hispana que apunta a la relevancia de las doctrinas tradicionales para la comunidad hispana*"(Bevans 1992: 108).

La obra de Justo González, en otras palabras, para parafrasear a Virgilio Elizondo en su "Prólogo" a *Mañana*, es la de un erudito entre los eruditos y de un hispano entre los hispanos. Por eso, el título de este presentación. En ese sentido, a la vez que Justo es un teólogo ricamente contextual, su teología contextual tiene implicaciones para una teología más amplia, o, quizá yo debería decir que tiene implicaciones para *otras* teologías contextuales. Aunque cada teología es contextual, como Justo claramente lo dice en varios lugares (e.g. González y Maldonado Pérez 2002: 29-31; González 1990: 22), la teología contextual no puede detenerse allí. Para su propio enriquecimiento y para el enriquecimiento de otras teologías contextuales, para el bien de la iglesia universal, la teología local necesita estar en diálogo con otras teologías locales. La teología, en otras palabras, a además de ser contextual, necesita ser inter-contextual, inter-cultural, o deber ser hecha, como yo mismo lo he argumentado, desde una perspectiva global (ver Bevans 2011).

Es la importancia de Justo González para esa teología inter-contextual y global que yo quisiera explorar en esta presentación. Quiero abordar esta exploración en tres movimientos o en tres partes. Las primeras dos son más generales. La tercera es más personal. En la primera parte, quiero explorar lo que Justo González ofrece a la iglesia en general como *teólogo* e *historiador.* Segundo, quiero explorar lo que Justo González ofrece a la iglesia en general como teólogo e historiador *contextual.* Luego, en la tercera parte quiero explorar lo que Justo González ofrece a la iglesia en general al compartir con ustedes algunas de las maneras en las que su teología ha influenciado y enriquecido mis propios intentos como anglosajón de hacer teología e historia.

Parte I:
Lo que Justo González ofrece a la iglesia en general como un teólogo y un historiador

Hace varios meses, cuando yo estaba releyendo mucho de la obra de Justo en preparación para este ensayo, fui a almorzar con un gran mentor mío, el Padre Larry Nemer. Larry fue mi profesor de historia de la iglesia en el seminario y mi colega en Catholic Theological Union en Chicago donde enseñó historia de la iglesia durante muchos años. Larry se mudó a Australia hace 25 años para enseñar en Melbourne, y regresó a Estados Unidos por unas pocas semanas. Durante el almuerzo, le mencioné a Larry que yo estaba trabajando en un ensayo en el que hablaría sobre la importancia de Justo González como historiador y teólogo más allá de la comunidad hispana/latina, y cuánto me gustaba releer sus libros. La respuesta de Larry, así lo creo, encuadra lo que quiero decir en la primera parte de mi presentación noche. Larry dijo algo así como: "No conozco la obra teológica de Justo González o su obra como teólogo hispano/latino. Todo lo que sé es que él es un historiador muy bueno y muy preciso".

Para muchos historiados y teólogos, sospecho, Justo es simplemente un buen teólogo e historiador. Y eso es todo. Y aunque estoy de acuerdo con Justo que nadie hace teología o historia en el vacío, y aunque veo sutiles muestras del contexto cubano-americano de Justo en lo que se pueden considerar sus obras más generales, hay muchísimas ideas y sugerencias que son de valor para teólogos, estudiantes y pastores de cualquier trasfondo cultural. Permítaseme enumerar algunas de esas ideas en la primera parte de esta presentación.

Primero miremos, de una manera general, a las dos obras mayores de Justo en varios volúmenes, su *Historia del cristianismo*, escrita originalmente en 1984 y revisada y actualizada en 2010 (González 2010) y su *Historia del pensamiento cristiano*, revisada en 1987 de los originales publicados entre 1970 y 1975 (González: 1987). Estas obras son simplemente libros clásicos en sus campos y contienen una gran cantidad de información que es de ayuda no solamente para los estudiantes principiantes (la audiencia para quien fueron escritas). También son buenas guías para pastores y profesores. Justo dice en el Prefacio a su *Historia del cristianismo* que esa obra es fuertemente autobiográfica en el sentido que "trata con amigos y compañeros con quienes he convivido las últimas tres décadas" (González 2010: xiii), y eso es lo que se siente al leer ese libro. Es su intimidad con figuras como Orígenes, Justino, Eusebio, Atanasio y especialmente Ireneo—para mencionar sólo unos pocos—que ofrece una guía clara, segura y por la mayor parte no tendenciosa de la teología y la historia de la iglesia. El hecho que *Historia del cristianismo* se haya traducido a idiomas como el chino y el coreano son amplia prueba de que la obra de Justo es apreciada y es de ayuda a una amplia audiencia que va más allá de estudiantes en Estados Unidos o en América Latina.

Permítaseme ofrecer algunos ejemplos de las otras obras teológicas e históricas de Justo. Uno de mis ejemplos favoritos es su explicación de la naturaleza de la doctrina como las líneas de juego en un campo de béisbol, una imagen apta en estos días de la liguilla final de las Grandes Ligas de Béisbol (MLB). No caben dudas que esa explicación está influenciada por la clásica obra de George Lindbeck sobre ese tema, *La naturaleza de la doctrina* (Lindbeck 1984), y quizá la analogía de Justo esté influenciada por su amor al béisbol, algo que quizá sea parte de sus genes cubanos. Sea como fuere, su explicación es brillante y memorable. No hay ninguna regla que indique dónde tienen que estar los jugadores de campo. Y tampoco hay reglas que digan que un bateador en particular debe batear la pelota a un cierto lugar. Pero todos deben jugar dentro de las líneas del campo de juego. Dentro de esos límites, existe una increíble libertad, al punto que parece que existen infinitas maneras de jugar el juego: un bateo sencillo al campo derecho, una asombrosa atrapada cerca de la pared del jardín central, una base robada a un lanzador distraído, o una pelota curva y veloz para cerrar la entrada, para nombrar unas pocas alternativas. A la vez, "uno puede golpear a la pelota tan fuerte como quiera, pero si la pelota no está dentro de área de juego, no se contará como un jonrón... Tratar de jugar sin ningún límite, sin las líneas de demarcación del campo, destruiría el juego". (González 2005: 6-7).

Un segundo ejemplo, que no noté antes sino hasta que releí el libro *Introducción a la teología cristiana* de Justo y Maldonado Pérez, así como *Mañana*, de Justo. Hablando del hecho que los seres humanos son parte de la creación, estos textos reflexionan sobre el pasaje en Génesis 2 en el que se relata la creación de la mujer. Usualmente, este pasaje se interpreta como "la afirmación de que el propósito de la vida de la mujer es ser 'ayuda' para el hombre, quien es su señor" (González and Pérez 2002: 65). Sin embargo, la palabra "ayuda" es la misma palabra que en las Escrituras Hebreas se usa para describir a Dios como el ayudador de Israel. Y la palabra que se traduce como "adecuada" o "apropiada" significa literalmente "en frente de él" o, si se quiere, "imagen en el espejo". Las versiones al español traducen esa palabra como "ayuda idónea" y luego "sobre la base de la noción de 'ayuda idónea' en nuestra sociedad... se derraman todas las ideas preconcebidas sobre la relación entre un hombre y una mujer". (González y Pérez 2002: 65). Pero eso no es lo que esas palabras significan. Esas palabras significan que sólo una mujer es la acompañante adecuada para un hombre e indican igualdad entre la mujer y el hombre, en vez de subordinación. Dicho de otro modo, la mujer, según el texto en Génesis, está en todo sentido al mismo nivel que el hombre. De hecho, la palabra para "mujer" es en hebreo la misma palabra que "hombre" pero con una terminación femenina (ver también González 1990b: 132-33). En definitiva, el resultado de la dominación del hombre sobre la mujer no está en el intento original del creador, sino que es el resultado del pecado. De hecho, como dice González con gran acierto, cuando Dios dijo "no es bueno que el hombre esté solo" no se refería sólo al hecho que el hombre necesitaba una esposa, sino que significa que para ningún ser humano es bueno estar solo. Alguien, hombre o mujer, por sí solo no es bueno. Alguien, hombre o mujer, sólo es bueno en el marco de una relación. (ver González 1990b: 131-32).

Podría ofrecer más ejemplos. De hecho, estaban incluidos en las versiones previas de este ensayo. Pero estoy seguro que ya entendieron mi punto. Avancemos, entonces, a la segunda parte.

Parte II:

Lo que Justo González ofrece a la iglesia en general como un teólogo y un historiador contextual

Antes mencioné de paso que al leer las obras más generales de Justo encontramos sutiles indicaciones de su herencia cultural cubano-americana, incluso en las obras destinadas a un público en general. Eso significa que, como cualquier otro teólogo, Justo no hace teología o historia en el vacío. Aunque él quiere llegar al público en general, él es un teólogo contextual, y como teólogo contextual su propósito es enriquecer a los lectores de otros contextos y a los de su propio contexto.

Permítase ofrecer otros dos ejemplos. Primero, en el Prefacio a la segunda edición en inglés de *Historia del pensamiento cristiano*, Justo describe cómo, desde la primera edición del libro, ha profundizado sus estudios sobre el contexto social y económico de la teología. Sin duda, eso se debió a sus estudios de teología de la liberación, en particular los libros *Faith and Wealth* y *Retorno a la historia del pensamiento cristiano*, ambos escritos desde un contexto hispano/latino, al que pertenece Justo. Pero dado que ese libro es una obra general de introducción para estudiantes, dice Justo, él sólo se refiere a temas económicos en unos pocos lugares (González 1987: 6).

Segundo, encontré muy agradable que en una obra más bien general, *A Concise History of Christian Doctrine* (González 2005), Justo le dedique un capítulo entero a la cultura. Esto no es algo que habitualmente se incluya como "doctrina" en estas historias, y sin embargo, de la manera en que Justo lo desarrolla, emerge como algo inmensamente importante para la teología cristiana del pasado (por ejemplo, los apologistas de los siglos II y III, o de Nobili y Ricci en el siglo XVI), como también es vital para el presente, con el cambio del centro de gravedad del cristianismo del oeste/norte al este/sur.

En algunas otras obras, Justo se presenta sin restricciones como un teólogo contextual con raíces en el contexto protestante cubano-americano. "Lo que sigue", escribe Justo en las primeras líneas de *Mañana*, "no es un tratado teológico libre de tendencias. Ni siquiera intento dejar de lado mis tendencias". (González 1990b: 21). Su perspectiva, dice Justo, es la perspectiva de una minoría, de alguien en las márgenes, y esa teología es importante para establecer la identidad cristiana personal como miembro de esa minoría marginada. Sin embargo, Justo explica que esa minoría, esa perspectiva marginal, ofrece más que sólo eso. No solamente ayuda a otras teologías articuladas por minorías marginalizadas, sino también a teologías articuladas por la mayoría, demostrando que la teología de la mayoría *también* es una teología contextual y un producto de sus propios prejuicios. Todas las teologías, argumenta Justo, son tendenciosas. Las teologías "involucran un prejuicio que nos resulta difícil detectar, por lo que otro punto de vista que aparenta ser más prejuicioso nos ayuda a descubrir. Esa es probablemente una de las contribuciones más importantes que la perspectiva de una minoría puede hacer a la iglesia en general (González 1990b: 21).

Pero la teología de Justo desde un contexto cubano-americano hace más que sólo esto. Su teología, como creo que sucede con cualquier teología contextual genuina, ofrece un enriquecimiento para otras teologías contextuales cuando esas otras teologías comienzan a dialogar unas con otras. Permítaseme compartir algunos ejemplos de cómo sucede ese enriquecimiento cuando la teología contextual de Justo se encuentra con otras teologías contextuales. Estoy pensando aquí específicamente en el enriquecimiento que su teología puede ofrecer a las teologías contextuales occidentales, como la teología anglo-americana y la teología blanco-europea.

Primero, las teologías occidentales tienen mucho que aprender de la insistencia de Justo en la naturaleza comunal de la teología hispana/latina, lo que algunos llaman la *pastoral de conjunto* o *teología de conjunto*, o lo que Justo ha denominado la *teología Fuenteovejuna*. Esa caracterización se basa en la obra de ese nombre del escritor español Lope de Vega, del siglo XVII, en la que toda la aldea de Fuenteovejuna asume la responsabilidad por haber ejecutado al tiránico *comendador*. Justo sugiere que esa responsabilidad en común no es solamente la manera en se hace teología hispana/latina, sino que es la manera en que toda la teología debería practicarse. En uno de mis pasajes favoritos, Justo afirma que hacer teología comunalmente

> es una contribución que los hispanos pueden traer a la teología. La teología occidental, especialmente la que se hace en los círculos académicos, ha sufrido desde hace mucho de un individualismo exagerado. Los teólogos, como los caballeros de la Edad Media, compiten uno contra otro, a la vez que sus simpatizantes aplauden desde las gradas, en las que ocupan puestos de honor, mientras que la plebe mira la competencia a distancia, si es que miran en absoluto. La metodología de teología hispana "Fuenteovejuna" contrasta con todo eso... No es una teología de teólogos, sino una teología de los creyentes y de una comunidad de practicantes (González 1990b: 29-30).

La naturaleza comunal de la teología, y de hecho de la vida cristiana, es un tema que aparece en mucho de lo que Justo escribe. Resumiendo un nuevo enfoque de la hermenéutica bíblica que emergió tras muchos años de conversaciones en la "mesa redonda de minorías", Justo sugiere que tal interpretación, además de ser consciente de las interpretaciones opresivas del pasado y de las interpretaciones de la Biblia por parte de culturas no accidentales, necesita un enfoque totalmente comunal (González 1992: 38-39). Más tarde, en la misma obra, al reflexionar sobre la escatología, Justo enfatiza que la salvación no es algo individual, sino comunal, y que ese énfasis es importante para combatir el "excesivo énfasis (occidental) en lo individual" (González 1992: 95). La única vez en Génesis que se dice que algo "no era bueno" en el caso del hombre, para repetir algo a lo que ya me referí antes, es no es bueno que el "hombre" (ser humano) esté solo (ver González 1990b: 131-32).

La fe también, insiste Justo, es algo comunal. Sin la iglesia no habría fe. ". . . De la misma manera que alguien que dice que quiere huevos, pero no gallinas, al final termina sin una cosa ni la otra, así los que afirman que creen, pero no en la iglesia, terminarán sin iglesia y sin fe" (González y Maldonado Pérez 2002: 120).

Segundo, la teología contextual occidental puede aprender de la insistencia casi constante de Justo de que la teología es política, sea que los teólogos lo reconozcan o no. En *Retorno a la historia del pensamiento cristiano*, Justo demuestra que la gran historia de la iglesia escrita por Eusebio fue un intento de alinear al cristianismo con el imperio romano, insistiendo—como lo hizo mucho de la subsecuente teología e historia—que la persecución de los cristianos por parte del imperio romano fue un error basado en información falsa (ver González 1999: 80-81). ¿Pero fue realmente así? Varios de los emperadores que persiguieron a los cristianos, dice Justo, fueron algunos de los más sabios y de los mejores en la historia de Roma. Quizá ellos vieron las verdaderas consecuencias de un carpintero que fue injustamente condenado a muerte, de su visión del Reino de Dios, de su preferencia por lo pobres. Quizá consideraron que los cristianos eran una amenaza por ser pacifistas que se negaban a cumplir con el servicio militar y por obedecer a leyes que ellos consideraban como superiores a las del estado romano (González 1999: 81-82). Justo cita a Robert Wilken: "El movimiento Cristiano fue revolucionario no porque tuviese los hombres y los recursos para iniciar una guerra en contra de las leyes del Imperio Romano, sino porque creó un grupo social que promovía sus propias leyes y sus propios modelos de conducta" (González 1999: 82, citando a Wilken 1984: 119).

Esta perspectiva política, incluso revolucionaria, yace como fundamento de una de las más importantes ideas metodológicas de Justo: la Biblia (y yo diría también la teología) necesita ser leída "en español". Lo que eso significa es mucho más que leer la Biblia desde la tradición o la perspectiva hispanas. Significa, ante todo, leer esas fuentes políticamente, leerlas "como una 'jerga', no sólo en un sentido lingüístico y cultural, sino también en un sentido socio-político (González 1990b: 85). Significa hacer teología "más allá de la inocencia", reconociendo la violenta historia dentro de la Biblia misma, dentro de la historia hispana/latina, y también dentro de la historia de Estados Unidos y de Europa. Es "parte de nuestra responsabilidad como hispanos", escribe Justo, "no solamente por nuestro propio bien, sino también por el bien de otras minorías y del grupo dominante "constantemente recordar a todos esos grupos" de los muchos elementos culpables que uno tiende a olvidar con una lectura inocente de la historia" (González 1990b: 79-80). La fe cristiana, en definitiva, es una fe política. Incluso un acto aparentemente tan abstracto como tener fe en Dios o como que la Trinidad es un compromiso para la acción ". . . por lo que haríamos bien en dejar de lado interpretaciones que lo ven en términos puramente especulativos o metafísicos, por lo que deberíamos buscar cómo descubrir, imitar y aplicar en nuestra vida social y eclesial el amor del Dios Trino" (González 1990b: 115). Esas convicciones, que provienen de lo profundo del contexto de Justo, deben ser compartidas también con otros contextos.

Tercero, permítaseme hablar brevemente de cómo Justo entiende el pecado y su importancia para una teología más allá del contexto cubano-americano. En primer lugar, Justo insiste que no debemos confundir pecado con crimen, incluso en aquellos casos en los que el estado trata de darle a las leyes civiles una autoridad religiosa. Según la Ley, Jesús fue justamente condenado, como también lo fueron los cristianos que desobedecieron a las leyes romanas. Martin Luther King, Jr. quebrantó muchas leyes (González 1990b: 134). En Segundo lugar, debemos cuidarnos de "súper sexualizar" al pecado. En la Biblia hay por lo menos la misma cantidad de leyes hablando sobre derechos a la propiedad como las hay sobre transgresiones sexuales (González 1990b: 135). Además, la "sexualización" del pecado lleva a su privatización, resultando en la falacia que el pecado es algo entre una persona y Dios, en vez de ser una violación de nuestro "para los otros", dominando y oprimiendo a otros (González 1990b: 137). En tercer lugar, debemos estar conscientes que también es un pecado el permitir que otros dominen: "una tentación", dice Justo, "para todos los grupos oprimidos" (González 1990b: 137), incluyendo mujeres e hispanos. En este sentido, el rechazo de un pueblo de ser "otro" es pecado, "por no demandar que aquellos en posiciones de poder y privilegio tengan actúen en favor de los otros" (González 1990b: 137).

Me parece que esa manera de entender el pecado es rica y fresca, una poderosa manera de replantear la tradición desde un contexto que ha sido objeto de opresión de muchas maneras, sutiles y no tan sutiles. Una vez más, su importancia va más allá de la comunidad hispana/latina.

Parte III:

Lo que Justo González ha contribuido a la iglesia en general por medio de mi propia obra teológica

Me he beneficiado grandemente con los escritos históricos y teológicos de Justo, como se ve en mis propias obras de historia y teología. Sin su sabiduría, mi relativamente pequeña contribución a la historia y a la teología hubiese sido sin dudas muy pequeña. En esta parte final, quiero compartir tres contribuciones específicas que Justo ha hecho a mi propio pensamiento.

Quizá lo que más me benefició de Justo fue su gran idea de que existen tres "tipos" básicos de teología en la historia de la iglesia: un enfoque legal al que él llama Tipo A; un enfoque más abstracto y académico, al que llama Tipo B; y un enfoque más pastoral, al que llama Tipo C. He usado su *Retorno a la historia del pensamiento cristiano* en mis clases de introducción a la teología y a los estudiantes le ha gustado mucho. Estos tres tipos fueron de muchísima ayuda en el libro que escribí con Roger Schroder, *Constants in Context* (Bevans y Schroeder 2004), en el que aplicamos las categorías de Justo a seis "constantes" básicas (cristología, eclesiología, escatología, salvación, naturaleza humana y cultura) en la historia de la misión de la iglesia. Justo fue muy amable al escribir un Prólogo para el libro, donde explica en más detalle la génesis de esos tipos en su propia experiencia docente.

Segundo, al escribir una corta historia de la teología en una perspectiva global como parte de una introducción a la teología, la obra de Justo ha sido absolutamente invaluable. Especialmente su *Historia del pensamiento cristiano* ha sido una guía segura para documentos primarios y también para explicaciones claras de complicadas controversias y desarrollos. Como muchos otros eruditos, como lo dije arriba, me he beneficiado de la sabiduría de Justo y de su maravillosa familiaridad con las grandes figuras teológicas del pasado.

Finalmente, desde que asistí a dos de las tres Conferencias Zenos de Justo hace muchos años en el McCormick Theological Seminary en Chicago, he recibido sólidos conocimientos sobre la llamada "Nueva Historia de la Iglesia" que Justo y otros eruditos, como Dale Irvin, Scott Sunquist, Lamin Sanneh, Andrew Walls y Wilbert Shenk, han propuesto. La maravillosa descripción de

Justo de la historia de la iglesia contemporánea como una nueva cartografía (que debe incluir a América Latina, África y Asia), una nueva topografía (que se aleje de la "orografía" de los grandes eventos y personas poderosas), y un nuevo entendimiento del "desplazamiento de continentes" (reconociendo que, para el cristianismo, la evangelización de las Américas es quizá más importante que la Reforma) ha verdaderamente revolucionado mi pensamiento y mis escritos.

Conclusión

Al preparar este ensayo, releí muchos de los libros de Justo y llené muchas páginas con notas y citas de esos libros. Si yo fuese a hacerle justicia total a este tema, esas notas hubiesen sido la base de una reflexión más larga y por lo tanto más rica de lo que aquí puedo presentar. Me maravilla la habilidad de Justo de conectar herejías como gnosticismo y marcionismo con temas como la comunidad hispana/latina y con la iglesia contemporánea en general (ver, por ejemplo, González 1990b: 80-83). Me agrada la manera en la que Justo puede ayudar a los hispanos y a otros a exponer que lo que sucedió en 1492 es el principio de la dominación y expansión de Occidente. Ese "falso" descubrimiento de América llevó al "verdadero" descubrimiento de la esencial catolicidad de la iglesia (ver González 1992: 14-15). Virgilio Elizondo describió a Justo muy bien: Justo es verdaderamente un erudito entre los eruditos y un hispano entre los hispanos (Elizondo en González 1990b: 9). Su obra sin dudas provee un gran legado para toda la iglesia.

Obras citadas

Bevans, S. (2011). *A Theology for the Ephesian Moment*. Anvil 27. 2 (November): http://anviljournal.org/174.

Bevans, S. and Schroeder, R. (2004). *Constants in context: A theology of mission for today*. Maryknoll, NY: Orbis Books.

González, J. L. (2010). *The story of Christianity* (two volumes). New York: HarperOne.

González, J. L. and González, C. G. (1980). *Liberation preaching: The pulpit and the oppressed.* Nashville, TN: Abingdon.

González, J. L. and Maldonado Pérez, Z. (2002). *An introduction to Christian theology.* Nashville, TN: Abingdon.

Lindbeck, G. (1984). *The nature of doctrine: Religion and theology in a post-liberal age.* Philadelphia: Fortress Press.

Wilken, R. L. (2003). *The Christians as the Romans saw them.* (New Haven: Yale University Press).

_____ (1987). *A history of Christian thought* (three volumes). Nashville, TN: Abingdon.

_____ (1990). *Faith and wealth: A history of early Christian ideas on the origin, use, and significance of money.* San Francisco: Harper and Row.

_____ (1990b). *Mañana: Christian theology from a Hispanic perspective.* Nashville, TN: Abingdon Press.

_____ (1992). *Models of contextual theology.* Maryknoll, NY: Orbis Books. (Revised and expanded version, 2002).

_____ (1992). *Out of every tribe and nation: Christian theology at the ethnic roundtable.* Nashville, TN: Abingdon Press.

_____ (1999). *Christian thought revisited: Three types of theology* (revised edition). Maryknoll, NY: Orbis.

_____ (2002). *The changing shape of church history.* St. Louis: Chalice Press.

_____ (2005). *A concise history of Christian doctrine.* Nashville, TN: Abingdon Press.

_____ (2009). *An introduction to theology in global perspective.* Maryknoll, NY: Orbis Books.

Imágenes y metáforas de una tarea teológica:

Las contribuciones de Justo González al quehacer, la enseñanza y la comunicación de la teología

Carlos F. Cardoza Orlandi, Ph.D.
Profesor de Cristianismos Globales y Estudios de Misión
Perkins School of Theology, SMU

Introducción[1]

Quiero expresar mi gratitud a la Asociación para la Educación Teológica Hispana, a su director, Stan Perea, y a Fernando Cascante, director del Centro Justo González, por su invitación a que escribiera este ensayo sobre los aportes teológicos de Justo González. Esta invitación es un desafío y un deleite. Dada mi formación en el campo de los estudios históricos y de misión, me siento cómodo investigando y escribiendo sobre aquéllas personas cuyo legado se considera mucho después de haber completado su labor y vida en el mundo. Sin embargo, mi tarea en este ensayo es ofrecer una interpretación teológica del trabajo de un colega que está, como dicen en mi país, «vivito y coleando». Dicha tarea

---

1. Este ensayo es una revisión (y no una traducción) del ensayo en inglés titulado "Images and Metaphors of a Theological Endeavor: Justo González' Contributions to "How to Do, Teach and Communicate Theology." A Latino/Caribbean Perspective.

no es tan sencilla como sugiere el título del ensayo. Por tanto, me gustaría delinear mis limitaciones en la tarea a realizar.

Investigar el registro monumental de publicaciones de Justo es casi imposible. Con más de cien libros, cientos de ensayos y artículos en múltiples idiomas, conferencias y presentaciones públicas alrededor del mundo, y recientemente, con grabaciones audiovisuales, la tarea requiere un equipo de investigadores. Más aún, el trabajo de Justo es interdisciplinario. Mundialmente reconocido como uno de los expertos más leídos en el campo de la historia de la iglesia, *él se divierte* cruzando los campos académicos de los estudios bíblicos, el ecumenismo, la homilética, el estudio crítico de las misiones, los estudios litúrgicos y la teología. Académicos en dichas disciplinas estudian su trabajo y utilizan sus recursos en el aula de clase—prueba de reconocimiento académico, y en la mayoría de los casos, un tributo a su contribución en esos campos.

La contribución de Justo a la reflexión teológica latina (y en el mundo) es crítica y necesita ser revisada, particularmente en el contexto del trabajo del Centro Justo González. Revisada ya que éste no es el primer evento donde se discuten y publican las contribuciones teológicas de Justo. La más reciente discusión sobre el legado teológico de Justo es la publicación por Abingdon Press de *Hispanic Christian Thought at the Dawn of the 21st Century: Apuntes in Honor of Justo L. González*, 2005, editado por Alvin Padilla, Roberto Goizueta, y Eldin Villafañe. Esta antología ilustra la contribución de Justo a las teologías hispanas/latinas en los campos de estudios bíblicos, historia, teología, ética y teología pastoral. Colegas en estas disciplinas identifican y discuten, de manera crítica y creativa, las diversas perspectivas del trabajo de Justo y procuran señalar nuevas investigaciones como resultado del mismo.

Sin embargo, quiero que el propósito de este ensayo marque una conexión entre las contribuciones de Justo en el quehacer, enseñar y comunicar la teología y la vida de nuestras comunidades cristianas, concentrándonos en la visión 20/20 del Centro Justo L. González. Dicha visión dicta la tarea de "desarrollar líderes para transformar radicalmente a la iglesia y a la comunidad hispana/latina en los Estados Unidos, Puerto Rico y Canadá, contribuyendo a su vitalidad, salud y crecimiento." La visión se hace realidad mediante dos tareas principales: la primera es que el Centro sea una «fuente centralizada para los ministerios hispanos/latinos» y, la segunda, que procure crear recursos teológicos, desde una perspectiva latina, que sean accesibles y relevantes a la necesidad de las comunidades cristianas latinas[2].

Para arraigar las contribuciones de Justo a la teología con los propósitos del Centro, quiero sugerir las siguientes dos preguntas como pautas a esta reflexión: (1) ¿Cómo ilustra la erudición teológica interdisciplinaria de Justo el quehacer, la enseñanza, y la comunicación de la teología en las comunidades cristianas latinas? (2) ¿Cómo la erudición teológica interdisciplinaria de Justo genera una agenda para el quehacer, la enseñanza, y la comunicación de la teología en las comunidades cristianas latinas? Estas preguntas son «dos caras de la misma moneda». El trabajo de Justo se caracteriza por una relación sinérgica entre el «¿qué está pasando?» y el «¿qué debería pasar?» en la vida y pensamiento de nuestras comunidades cristianas. Es una relación de mutua energía, dialéctica en su carácter reflexivo. De hecho, en su esfuerzo teológico latino, Justo es un teólogo dialéctico, buscando una síntesis entre la vitalidad y el crecimiento de nuestras comunidades y la preparación y formación teológica pertinente para éstas.

Por lo tanto, este ensayo no es un resumen de la obra teológica de Justo—esa sería una labor imposible de realizar en tan corto tiempo. Tampoco voy a discutir las metodologías y matices teológicos del trabajo de Justo. Más bien, busco responder a las preguntas arriba planteadas utilizando imágenes y metáforas que reflejen el quehacer, la enseñanza y la comunicación de la teología que Justo emplea en sus trabajos.

Justo hace teología con un marco de referencia particular. En mi opinión, él sigue un marco de referencia similar al esquema teológico de Ireneo—el cual es profundamente histórico y escatológico. El marco teológico de Justo es un *testimonio* que privilegia tanto la experiencia histórica como la expectativa escatológica[3]. Le recuerdo a los que leen que uno de los teólogos favoritos de Justo es Ireneo, cuya teología es tanto histórica como escatológica.

---

2. Ver http://www.thejustocenter.org/#!about-us.
3. Steven Bevans, en su libro más reciente Models of Contextual Theology, identifica la teología contextual de Justo con lo que llama el método trascendental. Creo que este binomio de testimonio y esperanza encaja con la descripción de Bevans del método teológico de Justo.

Las escuelas latinas/hispanas de pensamiento teológico

Durante mis estudios de doctorado en el Seminario de Princeton, mi mentor, el difunto Alan Neely, me permitió trabajar en su oficina. En aquellos tiempos, la oficina de Neely estaba al otro lado de la oficina de Daniel Migliore. Migliore, uno de los teólogos reformados más distinguidos, sabía que yo trabajaba en la oficina de Neely. Un día tocó a la puerta y señaló: «Actualmente estoy leyendo el libro *Mujerista Theology* de Isasi-Diaz. También he estado leyendo el libro *Mañana* de González y *The Future is Mestizo* de Elizondo. ¿Me podrías ayudar a entender qué está pasando aquí?» Sorprendido por el hecho de que Migliore estaba leyendo nuestros recursos teológicos y un poco inquieto por la pregunta «¿Me podrías ayudar a entender…?» tomé valor y respondí, «bien, ¿ha leído *Christ Outside the Gate* by Orlando Costas? ¡Estoy seguro de que Costas disipará sus dudas y realmente entenderá todo lo qué está pasando!» Casi veinte años después de la pregunta de Migliore, creo que puedo intentar dar una «descripción» a la diversidad de voces teológicas latinas/hispanas. De hecho, el legado teológico de Justo es parte de lo que yo llamo las cinco escuelas del pensamiento teológico latino. Este ensayo no aborda en detalle dichas escuelas y cómo emergieron sus metodologías teológicas[4]. Pero con tal de tener una idea general del contexto teológico latino en el trabajo de Justo, un breve comentario sobre las escuelas de pensamiento es necesario.

Hay cinco características que estas escuelas comparten. Todas ellas:

(1) tienen un carácter profesional académico teológico y se identifican con una persona con vocación teológica académica y profesional;

(2) comparten un continuum de tiempo y espacio—finales de los años 70 hasta este momento—y emergen de la vitalidad de las teologías latinoamericanas de la liberación;

(3) representan diversas perspectivas teológicas dentro una tradición y a través de tradiciones cristianas;

(4) hacen teología desde el revés de la historia y tienen diferentes puntos de vista con respecto a la relación entre el evangelio, el mundo y la iglesia; y

---

4. Hay un número de libros que han recolectado y analizado la diversidad teológica entre teólogos/as latinos/as/hispanos/as. Los editores y autores hacen el análisis a partir de temas, autores, y metodologías. El listado es amplio, y nombrar sólo a algunos haría injusticia a otros.

(5) buscan el diálogo entre ellas, a pesar de que tienen su propia metodología con diferentes implicaciones teológicas y éticas.

Las cinco escuelas son:

1. La escuela de pensamiento teológico de misión urbana del ya fallecido Orlando Costas;
2. La escuela de pensamiento teológico mujerista de la recién fallecida Ada María Isasi-Díaz;
3. La escuela de pensamiento teológico de mestizaje de Virgilio Elizondo;
4. La escuela de pensamiento teológico de religión popular y teología de las religiones de Orlando Espín; y
5. La escuela de pensamiento teológico ecuménico de Justo L. González.

Como pueden ver en el diagrama abajo, estas escuelas teológicas se nutren unas de otras. Su vitalidad se sostiene por su intercambio e interacción, o, usando un término latino/hispano, por una *teología en conjunto*[5]. Pero la *teología en conjunto* no significa un discurso o programa teológico sistemático y ordenado. De hecho, la *teología en conjunto* genera tensión y diversidad, lo cual crea debate, preguntas, y conflictos en el quehacer teológico. La perplejidad de Migliore se justifica dado que el discurso teológico en los círculos latino/hispano es, simultáneamente, una cacofonía de voces intuitivamente en armonía.

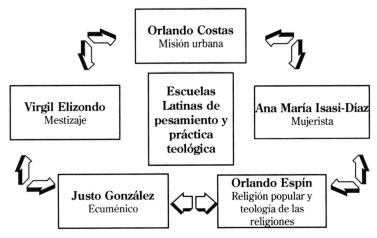

---

5. Uno de los primeros recursos que discute el tema de teología en conjunto es el trabajo *Teología en Conjunto: A Collaborative Hispanic Protestant Theology* editado por José David Rodríguez y Loyda Martell–Otero, (WJK, 1997). La mayoría de los trabajos publicados por Orlando Espín son en colaboración y discuten distintos temas en la teología latina.

Vale ilustrar algunas de las tensiones teológicas entre estas escuelas que también son un semillero de nuevas perspectivas teológicas. Por ejemplo, con respecto a la identidad latina, el *mestizaje* ha sido y continúa siendo una categoría importante de reflexión teológica. Pero el *mestizaje* arriesga marginalizar la categoría de *mulataje* que incluye la identidad africana como un recurso teológico. Con respecto a los asuntos de género, la teología *mujerista* de Isasi-Díaz reclama una voz para los desafíos, experiencias religiosas y reflexiones teológicas de las mujeres marginadas , inclusive ignoradas por las otras escuelas. Por consiguiente, la teología *mujerista* abre surcos en la reflexión teológica a múltiples modos de opresión. La teología *mujerista* crea alianzas con las *womanists theologies* de las mujeres afroamericanas, y extiende una invitación a los hombres a participar en la liberación de todos los seres humanos y toda la creación. La teología *mujerista* es una de las primeras teologías latinas/hispanas que tiene el imperativo de dialogar con otros discursos teológicos de mujeres y de hombres. La agenda teológica de Isasi-Díaz incluye una dimensión entre culturas, género, y orientación sexual que ella no pudo desarrollar plenamente debido a su muerte prematura. No obstante, el legado de Isasi-Díaz permanece en los diversos discursos teológicos que siguen los surcos que ella abrió.

Por otra parte, además de tensiones entre las escuelas, también existen tensiones al interior de las mismas escuelas. La teología *mujerista* enfrentó una dura crítica por parte de mujeres protestantes/evangélicas que profesando una base teológica *mujerista*, no comparten el significado y papel que Isasi-Díaz y sus compañeras le asignaron a la interpretación de las Escrituras. En particular me refiero a un ensayo publicado en *Apuntes* donde Loida Martell-Otero plantea esta crítica a la *teología mujerista* (1994: 67-85).

Recientemente, el tema de la liberación se ha convertido en un punto de contención. Los teólogos estéticos latinos/hispanos sugieren que la liberación toma camino por medio de la contemplación y renovación de las prácticas espirituales del pueblo, recalcando una teología sacramental de resistencia. Otros colegas continúan afirmando una teología política participativa y de activismo intencional con fuertes demandas proféticas reclamando una transformación socio-económica. Algunos ven al movimiento teológico estético como un ejercicio teológico que

corre el riesgo de legitimar la opresión. Estas tensiones y conflictos generan preguntas tales como, ¿qué es liberación? ¿Qué
genera liberación? ¿Es acaso la liberación a través de la belleza y
resistencia o través del activismo profético militante?

Mi ejemplo favorito para ilustrar estas tensiones nace de mi
experiencia como maestro y miembro de la Junta Directiva del
Programa Hispano de Verano (HSP, por sus siglas en inglés). El
HSP ofrece una variedad de cursos con diferentes perspectivas
teológicas y ministeriales. De hecho, podríamos fácilmente identificar estas cinco escuelas y sus variaciones e interacciones con
sólo mirar a la facultad, los materiales utilizados y los métodos
pedagógicos empleados. Interesantemente, el HSP, de quien Justo fuera uno de sus fundadores, es uno de los ambientes más
ecuménicos en la educación teológica en los Estados Unidos[6].
Sin embargo, en sus estatutos está claramente establecido que
los servicios de capilla no tendrán celebración sacramental alguna—lo cual se traduce en el contexto del HSP a no celebrar
bautismos o la Santa Comunión. En el centro de estos esfuerzos
teológicos descubrimos una paradoja: por un lado existe una armonía intuitiva teológica, y por otro, grandes diferencias teológicas en el quehacer, la enseñanza, y la comunicación de las
teologías latinas/hispanas. Qué mejor ejemplo para demostrar
la gran diversidad en la teología latina/hispana y el grave error
de llamar a todas estas escuelas de pensamiento teológico, teología latina!

Las contribuciones de Justo al quehacer, la enseñanza y la
comunicación de la teología es una expresión dentro de esta
compañía creativa de teólogos profesionales profundamente
comprometidos con la vida de las comunidades hispanas/lati-
nas. Justo hace teología en conjunto. No obstante, Justo desarrolla sus propias preferencias teológicas a tal grado que tiene un
número significativo de estudiantes teológicos que emulan su
trabajo—estudiantes en todos los niveles de instrucción y formación teológica.

Regresemos a las preguntas guía mientras identificamos las
contribuciones de Justo a la reflexión teológica latina/hispana.

---

6. Véase el trabajo de Zaida Maldonado-Pérez en esta colección de ensayos que
explora las contribuciones ministeriales de Justo González y discute el Programa
Hispano de Verano.

Quisiera contestar esas preguntas usando tres imágenes y dos metáforas que capturan mi interpretación de la contribución de Justo a la reflexión teológica. Ofrezco una breve explicación de cada imagen/metáfora de cómo él hace teología y luego un breve ejemplo de cómo su trabajo encaja con esta imagen/metáfora. Como indiqué anteriormente, el marco teológico es una dialéctica entre el *testimonio* –experiencia e historia –y *esperanza* –expectación, esperanza y escatología. Así que, ¿cómo hace teología Justo? ¿Qué necesitamos aprender de la reflexión teológica de Justo que contribuya a la visión del Centro y a la agenda de programación –para proveer recursos relevantes, profundos y accesibles para transformar comunidades cristianas latinas/hispanas?

Imágenes y Metáforas de los Esfuerzos Teológicos de Justo

Déjenme compartir con ustedes mis fundamentos teóricos para esta tarea. En su libro *Teaching to Transgress: Education as the Practice of Freedom*, bell hooks, declara,

> Cuando nuestra experiencia en la tarea de hacer teorías está fundamentalmente ligada a procesos de auto-descubrimiento y liberación colectiva, no existen brechas entre teoría y práctica. De hecho, lo que dichas experiencias hacen más evidente es el lazo entre ambas –ese proceso fundamentalmente recíproco en el que una habilita a la otra. (1994: 61)

Ella afirma, y yo con ella, que "…cualquier teoría que no puede ser compartida en conversaciones cotidianas no puede ser usada para educar al público." (1994: 69).

Por lo tanto, mis imágenes y metáforas para describir la contribución teológica de Justo son comunes, accesibles y usualmente tienen un papel importante en la vida cotidiana de muchas personas. Son imágenes y metáforas simples, pero sugieren exactamente lo que Justo nos ha dado: un desafío para hacer teología con la mejor excelencia académica posible, basada en nuestras comunidades particulares y con el entusiasmo y alegría contagiosa que nuestras comunidades experimentan cuando alaban a Dios.

En primer lugar, la reflexión teológica de Justo se parece a la imagen de un *router* o *enrutador* o a la metáfora de un *intérprete*. Un *router* tiene la función única de recibir señales, filtrar longitudes de onda y facilitar, accediendo y limitando recursos de información para varios dispositivos. Los *routers* son diseñados para recibir todo tipo de longitudes de onda aunque transmiten longitudes de onda de modo que cada dispositivo pueda usarlas. Los *routers* reciben todo, filtran señales y ajustan la transmisión.

Los intérpretes tienen el don único de comunicar significados a través de símbolos culturales e idiomáticos. Los mejores intérpretes comunican significados usando lo que la gente ya conoce como fuente para nuevo conocimiento. Los intérpretes reciben y transmiten en un tiempo y un espacio intersticiales: recibiendo un significado codificado culturalmente, creando sentido de ello al decodificar, construyéndolo en un código cultural diferente y transmitiendo un significado en términos diferentes.

La escatología cristiana no es un tema teológico sencillo. Muchas de nuestras comunidades latinas cristianas *evangélicas* heredaron una posición teológica mileniarista, haciendo a nuestra gente vulnerable a manipulación escatológica, una actitud escapista, una negación de la participación humana en asuntos comunitarios y mundiales, y a ser controladas por el miedo. Además, muchas de estas tendencias dadas en el quehacer teológico sobre la escatología ilustra como nuestras comunidades sucumben a teologías del miedo, del *status quo*, y de la indiferencia a la realidad comunitaria y personal. No obstante, la mayoría de nuestras comunidades latinas tienen una curiosidad única por la especulación escatológica y cuestiones éticas. Hay un hambre de reflexión escatológica. Desafortunadamente, el *testimonio* de nuestras comunidades cristianas señala una teología abrumada por expectativas «en el otro mundo» que generalmente se traducen en una fuente de ignorancia, abuso y opresión. La escatología moldea la manera en que vivimos. Por tanto, una escatología cercenada se traduce en una vida diaria desunida.

Justo, consciente de la vida y escatología cercenada de nuestras comunidades, comparte su *testimonio y esperanza* proveyendo una escatología robusta, como un *router/intérprete*, a distintos niveles y con variadas perspectivas. Sus comentarios sobre *Hechos, Apocalipsis* y otros ensayos sobre escatología cristiana proveen una interpretación académica frecuentemente citada en comentarios bíblicos, tratados teológicos y fuentes de teología práctica, particularmente en los campos de homilética y formación cristiana. Por otra parte, su ahora famoso y ampliamente leído comentario bíblico laico *Tres Meses en la Escuela de… Patmos, Mateo, Lucas, Pablo*, etc. provee a la población laica una reflexión teológica profunda e igualmente sofisticada como la de comentarios académicos, pero en un lenguaje accesible y arraigado en la experiencia testimonial de las comunidades cristianas.

La reflexión teológica de Justo es profundamente comunicativa, tal como un *router* y un *intérprete* son agentes de comunicación multilateral y multidimensional. Su teología escatológica, moldeada por su formación y pasión como historiador del pensamiento cristiano, es canalizada en diferentes longitudes de onda, para académicos y gente laica, desafiando el *testimonio* ético de nuestras comunidades y restaurando la *esperanza* al mantener las expectativas y experiencias del «otro mundo» y de «este mundo» en una tensión creativa. Como un *router/intérprete*, la teología escatológica de Justo armoniza las diferentes longitudes de onda de la paradoja del «aquí» y el «todavía no:» «El tiempo ha llegado… el Reino de Dios está cerca»–vivamos como corresponde y esperemos lo inimaginable.

El quehacer, la enseñanza y la comunicación de la teología de Justo se asemejan a las imágenes de *tarjetas de memoria y software de almacenaje*. Estos dispositivos preservan y recuperan información perdida. El software en las tarjetas de memoria las hace accesibles a todo tipo de aparatos. Por ejemplo, una tarjeta de memoria de un teléfono celular puede ser utilizada y transferida a una computadora, una cámara, una impresora y muchos otros aparatos. Su *software* permite que la información esté disponible y accesible. ¡Es un componente tecnológico de disponibilidad y accesibilidad!

Muchas de nuestras comunidades evangélicas latinas asumen que la historia cristiana es la Biblia. Generalmente, se entiende que la fe es una experiencia individual—se trata de *mi* experiencia cristiana. Por tanto, la historia cristiana se divide usualmente en tres etapas: la vida de Jesús, la conversión o experiencia de renovación de un líder cristiano—Lutero, Calvino, Wesley, o un líder local ungido por el Espíritu Santo—y mi propia experiencia de conversión y/o piedad personal. La historia, en la mayoría de los casos, es tan selectiva y limitada que es plana; es unidimensional.

Justo cree que la historia es ahora: ¡La historia está viva! Un buen historiador se caracteriza por los siguientes factores: por el arte de seleccionar materiales y por la habilidad de conectar dichos materiales a muchos contextos. El trabajo histórico de Justo teje ambos factores. Más aún, la reflexión teológica de Justo es de carácter histórica—hace de la historia un imperativo teológico.

Mi padre, un carismático presbiteriano de 85 años, sabe más historia de la iglesia que muchos de mis estudiantes. Él ha leído la *Historia del cristianismo, Bosquejo de historia de la Iglesia* y constantemente revisa el *Diccionario de Teólogos* para sus clases de escuela dominical. Pero más que sólo información, mi padre ha aprendido continuamente a relacionar estas historias con su vida diaria y la vida de sus hermanos y hermanas en la escuela dominical y en la iglesia. También ha descubierto material que enriquece su tradición reformada y cimenta su experiencia carismática. Por ejemplo, ha descubierto a Martin Bucer (1492-1551) y sus propuestas espirituales y ecuménicas como testamento de su propia identidad como carismático y presbiteriano ecuménico—una rara combinación en la imaginación reformada occidental. Mi padre está aprendiendo esta importante habilidad teológica y cimentando su identidad cristiana al descubrir cómo la historia y la teología se moldean una a la otra. Los trabajos de Justo arriba mencionados funcionan como una tarjeta de memoria y software de almacenaje haciendo disponible no sólo información histórica, sino también proveyendo «datos» que enseñan cómo recobrar la historia en un modo que se entreteje con la teología. Mi padre descubrió que su fe no está aislada o limitada a las tres etapas de la historia que mencioné anteriormente. Él es un miembro de la comunidad de fe en el continuum del Espíritu.

Esta gestión de *tarjeta de memoria y software de almacenaje* de Justo hace disponibles recursos para enfrentar desafíos en la vida de nuestras comunidades tales como (1) nuestra relación con los muertos y el mundo de los espíritus; (2) teologías y prácticas de prosperidad con respecto a asuntos de riqueza y fe; (3) formación teológica y espiritual; (4) las implicaciones para nuestras iglesias dado el desplazamiento demográfico en la religión cristiana; (5) las mujeres en el ministerio y en estudios históricos; (6) interpretación de las escrituras cristianas y; (7) la naturaleza de la alabanza y el liderazgo en la alabanza. Éstos son algunos de los asuntos en los que necesitamos encontrar nuestras tarjetas de memoria y *software* de almacenaje para disponer de recursos que ayuden a nuestras comunidades de fe a ser humildes y descubrir la gran nube de testigos que nos ha precedido—en nuestras esperanzas y nuestras dificultades.

La tarea teológica de Justo se asemeja a imágenes de *puentes*. Los *puentes* son puntos de cruce en tensión. Arquitectónicamente, la tensión se encuentra dentro y fuera de la estructura del puente—en sus pilares y puntos finales. Los cimientos son cruciales en la ingeniería de los puentes. A simple vista, los puentes son útiles, haciendo la transportación más fácil, y también pueden ser impresionantes. Para el ojo científico, la belleza, diseño, y construcciones crean un espacio entre espacios; los puentes sostienen gente y objetos mientras se mueven de un lugar a otro.

Uno de los puentes más impresionantes en el mundo es el «Puente de Viento y Lluvia» en Chengyang, China. La inscripción de una fotografía del puente en la Internet lo describe de la siguiente manera,

> Los puentes de viento y lluvia eran un tipo de puentes construidos por el pueblo Dong en China. Debido a que vivían en tierras bajas y en valles con muchos ríos, los Dong eran excelentes constructores de puentes. Son llamados puentes de «viento y lluvia» porque los puentes cubiertos no sólo permitían a la gente cruzar el río, sino también protegerlos de los elementos del clima[7].

El término «latino/a/hispano/a» es engañoso. Somos un pueblo sumamente diverso. Soy miembro de una congregación donde el personal pastoral se conforma de un anglosajón con alma y corazón latinos, una pastora ecuatoriana y una puertorriqueña, una salvadoreña administradora de proyectos, una lesbiana mexicana-americana que trabaja en jardines y el edificio, una congregación de niños, jóvenes, adultos y ancianos que representan múltiples versiones del idioma español, diversas orientaciones sexuales, diferentes clases sociales, diferentes estilos de alabanza, diferentes antecedentes religiosos, etc. Y esta diversidad requiere destrezas y habilidades particulares de interacción intercultural. Estas destrezas se esconden detrás del término «latino/a/hispano/a».

---

7. http://pinterst.com/pin/136656169912564969

El *testimonio* teológico de Justo es un *puente* entre múltiples comunidades de fe. El libro *Out of Every Tribe and Nation* ofrece una exploración teológica sobre la diversidad como una característica intrínseca del evangelio y un diálogo acerca de la diversidad étnica, dando prioridad a grupos marginales en los Estados Unidos. El libro tiene un toque personal, manteniendo las tensiones de diversidad étnica, distribuyendo las tensiones entre los grupos, manteniendo un cimiento fuerte que puede sostener este diálogo y proveyendo un lugar seguro para que dicho diálogo florezca. En sus libros *La historia también tiene su historia* y *Mapas para la historia futura de la iglesia* Justo ofrece una interpretación histórica, teológica y ecuménica del cambio demográfico y de la vitalidad de la fe en África, Asia y América Latina. Además, su discusión sobre la controversia teológica entre el sincretismo y el sectarismo cuestiona el prejuicio occidental al primero y desafía a las comunidades cristianas mundiales a resistir el segundo. En estos libros Justo confirma su vocación teológica ecuménica y multi-confesional.

El trabajo en conjunto de Justo con Catherine sobre espiritualidad, alabanza y homilética[8] también cruza a través de tradiciones cristianas. Sus recursos crean puentes entre las diferencias de ellas al resaltar lo que es cristiano en vez de lo que es presbiteriano, católico, pentecostal, ortodoxo, y más.

Justo también ofrece un *puente* entre nuestras diversas tradiciones cristianas. Justo es uno de los dos únicos protestantes que han recibido el "Premio Virgilio Elizondo", que es otorgado por la Academia de Teólogos Católicos Hispanos de los Estados Unidos. El premio se da en honor a un individuo «por sus distinguidos logros en la teología, y por mantener la misión de la Academia». La otra persona que ha recibido dicho premio es Daisy Machado, actual decana de asuntos académicos del Union Theological Seminary en Nueva York. Siendo director del HSP, Justo junto a otros colegas diseñaron para el Programa Hispano de Verano cursos sobre teología protestante latina para católicos y teología católica latina para protestantes. Los cursos fueron

---

8. Ver *Liberation Preaching: The Pulpit and the Oppressed* (Abingdon 1980); *Heretics for Armchair Theologians* (WJK Press, 2008); *Revelation* [electronic resource] (WJK, 1997); *Vision at Patmos: A Study of the Book of Revelation* (Abingdon, 1991); *In Accord: Let us Worship* (Friendship Press, 1991); y otros.

todo un éxito. Esto es un testimonio al trabajo teológico y ecuménico que es tan necesario en esta coyuntura histórica para las comunidades cristianas latinas.

Los *puentes* son también, como se menciona anteriormente, un lugar seguro. Los puentes están sujetos a vientos cruzados y fenómenos naturales. Pueden ser peligrosos en tiempos de clima inestable. Aun así, tal como los puentes de viento y lluvia del pueblo Dong en China, la contribución teológica de Justo es como un puente que protege a las comunidades de amenazas teológicas. Su *Heretics for Armchair Theologians*, otro ejemplo de reflexión teológica de *router/ intérprete* y de *tarjeta de memoria/ software de almacenaje,* ilustra no sólo quiénes son los herejes, sino que sugiere al lector cómo se desarrolla la herejía y qué tan difícil es tomar decisiones teológicas entre tradiciones. Este pequeño, pero ameno e informativo libro es un *puente* que distribuye tensiones en todas direcciones ayudando al lector a reconocer que la reflexión teológica es un ejercicio que demanda discernimiento.

La imagen del puente nos guía a la discusión previa sobre la *teología en conjunto*. Justo es un *puente* en la tarea de hacer *teología en conjunto*. Indiqué anteriormente que la reflexión teológica de Justo es similar a la dialéctica de Ireneo entre *testimonio y esperanza*. Su *testimonio* de *teología en conjunto* es ampliamente documentado en sus proyectos colaborativos en diferentes disciplinas teológicas. Sí, hay muchos libros de su autoría, pero también tiene muchos libros que ha co-escrito, lo cual desafía los códigos de clasificación académica y ofrece perspectivas intergeneracionales. El resultado importante del quehacer teológico como *puente* es como Justo está abierto a aprender de sus colegas.

En su tarea teológica, Justo recalca la teología del cuerpo de Cristo, el carácter de vivir y luchar juntos, y la promesa de *una esperanza* de que todo el pueblo de Dios, de cada nación y en nuestra propia lengua, se reunirá un día para alabar a Dios.

Cuando las metáforas e imágenes no son suficientes

No hay duda que Justo González es uno de los mejores comunicadores de la reflexión teológica en el mundo. Sus libros han sido traducidos a muchos idiomas. De hecho, él está considerado el historiador de la iglesia más leído en el mundo. Como historiador y teólogo latino, el trabajo teológico es polifacético—disponible y accesible a distintas audiencias en la vida de las comunidades cristianas.

No obstante, la mayoría del trabajo teológico de Justo queda en lo que yo llamo «el mundo de las ideas». Muchas de sus propuestas teológicas asumen un carácter idealista y trans-contextual. Frecuentemente, el trabajo de Justo, profundamente biográfico y contextual, motiva una metodología teológica política. Sin embargo, sus propuestas fluyen de un etos Occidental donde «el mejor argumento triunfa». En mi interpretación de su trabajo y en mis conversaciones personales con él, he descubierto que lo que hace la diferencia para Justo en este etos Occidental es: (1) que teológicamente, el trabajo de Justo está arraigado a una teología escatológica donde él sabe que no tiene la última palabra en este peregrinaje cristiano; y (2) que Justo es un ser humano tierno con un profundo espíritu de gratitud y amistad. Su ternura, amistad, y espíritu de apoyo resiste y evita que caiga en la trampa epistemológica de este etos Occidental. Por tanto, él trabaja desde una *teología en conjunto*.

Hay una imagen más que deseo compartir con los lectores que ilustra como Justo hace, enseña y comunica la teología. Esta es la imagen de *toda la creación alabando a Dios*.

Justo no sólo es un mentor, Justo es mi muy querido amigo. Justo y Catherine son abuelos para nuestros hijos. Mi hijo mayor, quien vive en Decatur, tiene un hogar en el hogar de Justo y Catherine. Cuando nos mudamos a Dallas, Carlos y Juan encontraron un «hogar» en casa de los González. Amor, cuidado, conversaciones… y comida, sí, comida para dos hombres en desarrollo. Este es el regalo que sigue fluyendo y que los González ofrecen a mis hijos y a toda nuestra familia.

Esta cercanía da una vista amplia y panorámica de la familia González, y especialmente de Justo. ¿Saben algo? ¡Justo es alegre! Cuando le digo a Lizzie que voy a una reunión de trabajo, lo primero que me pregunta es quién va. Cuando contesto «Justo» y/o alguno de nuestros amigos en común, su respuesta es: «¡Tú no vas a trabajar, tú vas a divertirte!»

¡Justo es alegre y su alegría y gozo son contagiosos! Y esto me lleva a mi imagen/metáfora final: Justo hace, enseña y comunica teología con un *profundo gozo*. El *testimonio* y la *esperanza* de Justo tienen un carácter de juego, alegría, y gozo de tal modo que se asemeja a lo que Rubem Alves llamó la *teología como juego* (Alves, 1982). Su reflexión teológica jubilosa se proyecta en su literatura y recursos de alabanza. Éstos no se comparan cuantitativamente con trabajos más académicos y ministeriales como historiador y teólogo, pero ofrecen una ventana a un hombre profundamente sensible y jubiloso. Alves indica que la biografía y la teología van de la mano. La alegría de Justo viene de la experiencia de tener una esposa y colega que lo apoya, una familia y amigos que lo apoyan, y un corazón agradecido a Jesús y al poder del Espíritu Santo.

Permítanme compartir una historia que ilustra por qué Justo se goza en la tarea teológica. Justo regresaba del interior de China a Hong Kong cuando las alas de aterrizaje del avión fallaron. Cada vez que el piloto intentaba aterrizar, el avión perdía estabilidad, dejándolo con la opción única de acelerar e ir a modo de despegue.

Chronos puede determinar nuestros horarios, pero *kairos* moldea nuestras vidas. En Puerto Rico, una líder de la denominación pentecostal fue despertada por el Espíritu. El Espíritu abrumó su corazón y la guió a orar por el bienestar de Justo.

El piloto intentó aterrizar tres o cuatro veces—y la líder pentecostal oraba. Finalmente, el piloto informó a la tripulación y pasajeros que tendrían que aterrizar a más de cuatrocientas millas por hora, lo cual significaba que los instrumentos de aterrizaje podrían descomponerse—y la líder pentecostal oraba. Justo se encontró en lo que podía ser su último viaje—y la líder pentecostal oraba.

Cuando Justo compartió esta historia conmigo, yo acababa de llegar al Seminario de Columbia. Sus ojos brillaban de alegría al compartirla. ¿Cómo era posible que este hombre estuviera feliz mientras me contaba una historia de muerte inminente?

Todavía recuerdo su cara –y la de Catherine –cuando me contó que la líder pentecostal que oraba por él lo hacía exactamente al mismo tiempo que Justo estaba pasando por su odisea. Cuando la biografía es moldeada por un *testimonio* de vida, la *esperanza* es alegre y ¡la vida es increíblemente, como dice Luis Rivera Pagán, perfectamente jubilosa!

La gozosa reflexión teológica de Justo es un antecedente para descubrir el gozo del Espíritu en nuestra vocación teológica. Su *testimonio* es amistad y apoyo jubiloso. Su *esperanza* es que un día toda nuestra gente y toda la creación, experimente ese gozo escatológico e intuitivamente imaginable del Espíritu—la celebración de la vida abundante. Su gestión teológica es un testimonio a todas las personas que tenemos esta vocación teológica: estamos llamados a que nuestro quehacer teológico sea accesible, emocionante, y desafiante a nuestras comunidades de fe hoy y mañana.

Obras citadas

Alvin Padilla and others, 2005. Hispanic Christian Thought at the Dawn of the 21st Century: *Apuntes in Honor of Justo L. González*. Nashville, TN: Abingdon Press.

Bell Hooks, 1994. *Teaching to Transgress: Education as the Practice of Freedom.* London: Routledge.

Loida Martell-Otero, 1994. "Women Doing Theology: Una Perspectiva Evangélica," *Apuntes* 14.3, Fall.

Rubem Alves, 1982. *La teología como juego.* Buenos Aires: Ediciones Aurora.

Justo: Su legado de formación de líderes hispanos/latinos

Zaida Maldonado Pérez[1]

Seis grados de separación de ~~Kevin Bacon~~ Justo González

La mayoría de nosotros habremos escuchado algo acerca del "fenómeno del mundo pequeño", mejor conocido como "seis grados de separación", que se hizo popular a través de la obra de teatro de John Guare en el 1993 y por la película de este mismo nombre. La teoría dice que existen solamente "seis grados de separación" entre una persona y cualquier otra persona del planeta. Los detractores dicen que es sólo un "mito urbano". Creo, sin embargo, que esta perspectiva se debe a que los proponentes se enfocaron en Kevin Bacon y no ¡en Justo! Quizás exagero. Sin embargo, estoy segura que muchos de nosotros hoy aquí presentes podemos trazar nuestras conexiones con "Fulano de Tal" de este o aquel seminario, iglesia, instituto bíblico u otra institución religiosa en Pittsburg, Puerto Rico, Nueva York, California, Venezuela, Ecuador, China, Corea, Brasil u Holanda gracias a quien es el punto de conexión de toda la red: Justo L. González. Mucho antes de que Kevin Bacon pensase en crear sixdegrees.org para traer "la conciencia social a las redes

---

1. Le agradezco a Justo y Catherine el tiempo que me dieron para corroborar datos de programas mencionados en esta en este capítulo.

sociales", ya Justo lo estaba haciendo. De hecho, uno de los grandes legados de Justo a nuestras comunidades es precisamente el desarrollo entre nosotros de dicha red. Tanto en el ámbito académico como en la iglesia en general, esta red social ha incitado cambios profundos y sostenidos de los cuales todas/os nos beneficiamos.

Para el resto del mundo, Justo es conocido por sus escritos, pero muchos de nosotras/os conocemos a Justo por haber transformado la educación teológica. La creciente presencia hispana a nivel académico y su nuevo "acento" latino se deben a programas a los que Justo se dedicó, como el Programa Hispano de Verano (HSP), la Iniciativa Teológica Hispana (HTI), y la *Asociación para la Educación Teológica Hispana*, conocida por las siglas AETH. ¡Gracias, Justo!

Aquí me enfocaré en el legado de Justo en la formación de líderes hispanas/os/latinos/as. La naturaleza perdurable de su legado hace que esta presentación quede incompleta. Otros añadirán sus propias voces. Estoy consciente de que Justo no quisiera que se le presentase como una leyenda viviente. En su libro *Mañana*, refiriéndose a la historia bíblica como "historia más allá de la inocencia", Justo mismo nos recuerda que "los únicos héroes reales son el Dios de la historia y la historia misma que, de alguna manera, sigue avanzando incluso a pesar del fracaso de sus protagonistas" (Gonzalez 1990: 77). Él nunca deseó elogios por nada de lo que hace. Su modelo *"Fuenteovejuna, todos a una"* nos recuerda que cualquier reconocimiento le corresponde a quienes, con poco o mucho, han contribuido a hacer una diferencia en la vida académica y en la misión de la iglesia de Dios. No obstante, nos reunimos para celebrar lo que Dios ha hecho a través de su siervo sabiendo que estos pocos minutos no son suficientes para captar la esencia de su legado. Aquí se aplica la frase del apóstol Juan cuando, en referencia a Otro, dice "hay muchas otras cosas que [Justo] hizo. Si fuésemos a escribirlas todas"… nos llevaría muchas horas. Por eso, por ahora, ofreceremos sólo esta valoración condensada.

Desarrollando una visión y creando cambio: los programas HSP, HTI y AETH

Sabemos que el mundo es una red global: lo que hacemos repercute en toda la red, a veces con importantes consecuencias a nivel global. Eso significa que hay momentos en los que cooperar y compartir recursos es un tema de vida o muerte. Los programas que Justo ha engendrado inspiraron vida donde la muerte amenazaba establecerse. Su habilidad para desarrollar contactos y su dedicación a modelar una teología de la abundancia basada en la creencia que 'cuanto más uno comparte más hay para compartir" han hecho mucho más que sólo repercutir en este país; han generado cambios en el continente americano y en otras partes del mundo. Como prueba, sólo basta considerar los muchos idiomas a los que han sido traducidos sus libros o seguir la miríada de senderos recorridos, o despejados por personas eruditas, pastores o líderes laicos que se beneficiaron de los programas de los cuales Justo fue fuerza y motor impulsor. En su libro *The Changing Shape of Church History*, Justo habla sobre los cambios en la topografía de la historia de la iglesia (2002:7-32). En verdad, cambios en la topología teológica le deben mucho al compromiso de este hermano y a su santa tenacidad. Pues, él ha sido un catalizador de cambios y meandros en el nuevo paisaje. Esa diferencia topográfica tiene por nombre María, Nora, Miguel, Juan; se le llama el Programa Hispano de Verano, la Iniciativa Teológica Hispana y la Asociación para la Educación Teológica Hispana, AETH. El legado de Justo en la tarea de fundar, nutrir y darle vida a esos programas será el foco de las siguientes observaciones.

A. La educación teológica de los hispanos: "El Estudio"

En la década de 1980, Pew Charitable Trusts le pidió a Justo que hiciese una investigación del estado de la educación teológica de los latinos y que sometiera recomendaciones para transformarla. El resultado fue un estudio histórico, llamado *La Educación Teológica de Hispanos* (González, 1988), también conocida como, *"El Estudio"*. Este Estudio proveyó la base para el progreso en programas que, desde su incepción, han sido el centro de nuevos esfuerzos en la naturaleza y aspecto de la educación teológica de estudiantes latinos y no latinos, profesores y administradores de escuelas teológicas.

Persuadido por la investigación de Justo y sus recomendaciones para el reclutamiento y retención de estudiantes hispanos en teología, el Pew Charitable Trusts le otorgó al Fondo para la Educación Teológica (FTE, en inglés) un subsidio de 1,7 millones de dólares. Una porción de estos fondos se utilizó para proveer becas para estudiantes hispanos talentosas/os que querían obtener títulos en teología a nivel graduado o de post-graduado. La expectativa era que estos estudiantes, una vez graduados se comprometieran a "contribuir a la enseñanza teológica y a la erudición desde un punto de visto hispano" (1988, 118). De esos fondos, $50,000 se usaron para crear el Programa popular Hispano de Verano. Esas dos iniciativas programáticas respondieron a dos de los grandes temas mencionados en El Estudio: 1) la falta de recursos financieros para pagar el alto costo de la educación teológica y 2) las clases de programas con el apoyo necesario para fomentar la retención y asegurarse que dichos estudiantes completen su educación teológica.

Con estos fondos, se iniciaron los programas mencionados. En el año 1989, el Dr. Benjamín Alicea fue nombrado como Director Asociado de Programas Hispanos de FTE. Justo fue el primer director del Programa Hispano de Verano (HSP), con fondos administrados por la oficina de FTE a cargo del Dr. Alicea. El programa fue revitalizado y expandido a través de becas (*fellowships* en inglés) tales como la Becas de Investigación para Doctorados para el Estudio de la Religión de Hispanos Americanos y la Beca de Investigación para Hispanos Americanos preparándose para Ministerios Cristianos. El nuevo HSP funcionó bajo el FTE desde el 1995.

B. *El Programa Hispano de Verano (HSP)*

Muchas/os de nosotra/os conocemos a Justo por el Programa Hispano de Verano que él fundó. El HSP responde a una de las necesidades vitales que los estudiantes expresaron casi con unanimidad en las investigaciones que se realizaron en el Estudio: la necesidad de "mayor interacción entre colegas hispanas/os y, a su vez, entre teólogas/os, maestra/os y eruditos hispanos/as". Las metas principales del HSP son: 1) "suplementar y enriquecer la educación teológica y ministerial por medio de cursos académicos y otras actividades que directamente responden a la historia, teología y ministerio hispanos"; 2) construir puentes para sanar divisiones causadas por diferencias denominacionales y teológicas en las comunidades hispanas, y 3) aumentar la conciencia y apreciación entre los no hispanos de las contribuciones de los latinos a la iglesia y a la nación[2].

Con este propósito, todos los veranos el HSP invita a seminaristas hispana/os y no hispanos de los Estados Unidos, Canadá y Puerto Rico a participar de dos semanas intensivas en alguna de las instituciones asociadas que se encuentran a través de toda la nación y Puerto Rico para estudiar teología y religión con teólogos hispana/os. Las clases se enseñan en español, algo poco frecuente antes del HSP, o en inglés. Además, durante esas dos semanas, los estudiantes disfrutan de un tiempo de camaradería y de adoración. Desde 1989, más de 1000 estudiantes graduados hispano/as y más de 100 no hispana/os han tomado 150 cursos en el HSP con más de 100 profesores hispano/as[3]. Quienes hemos enseñado en el HSP nos sentimos emocionada/os de tener estudiantes latinos en el salón de clase como, a su vez, e igual se sienten los/as estudiantes en saber que van a tener un profesor hispano/a, quizá por primera vez en sus estudios graduados.

Todavía recuerdo mi primer día en la segunda reunión anual del HSP que se dio en el año 1991. ¡Se palpaba la emoción en el aire! Estudiantes de los Estados Unidos, Canadá y Puerto Rico se presentaban entre sí al llegar a la oficina de registro en Oblate School of Theology. En mi seminario, sólo había tres latinos: mi esposo, otro estudiante varón, que también asistía a mi iglesia, y yo. Imagínense cuánto me asombré al ver tantos latinos de tantos lugares. Para mí, fue algo similar a la euforia de los obispos que Justo describe en su libro, *La historia del cristianismo*, quienes, al terminarse la Gran Persecución (algunos de ellos con marcas visibles en su cuerpo) vinieron de las diversas iglesias a conocerse por primera vez en el Concilio Ecuménico de Nicea en el año 325 DC (1994: 173). La atmósfera del HSP estaba llena de júbilo. Y luego, sucedió lo inesperado. Justo, el autor de los libros de historia que muchos de nosotros leíamos en el seminario, llegó al lugar. ¡Y el resto es historia!

---

2. Ver la declaración de misión de HSP en http://www.hispanicsummerprogram.org/
3. Ver http://www.hispanicsummerprogram.org/

Quienes hemos participado en el HSP sabemos que éste provee la experiencia anhelada de poder encontrarnos con otros como nosotras/os para compartir nuestras historias y las particularidades de nuestra cultura, animarnos, respaldarnos y aprender los unos de los otros. Es un momento en que los estudiantes y los profesores descansan de la interminable y ardua tarea de explicar o, peor aún, vindicar quiénes somos y por qué pensamos cómo pensamos. En el HSP, no dejamos nuestros lentes hispanos en la puerta. Lo que escuchamos y lo que decimos finalmente tiene sentido. El HSP provee un aliento de vida para quienes han dejado atrás sus iglesias y familias para venir al seminario. Nos mantiene conectada/os con nuestras raíces latinas y con la pasión que alimenta nuestro llamado.

Mas para Justo, y para otros miembros de nuestra comunidad, era claro que dos semanas no eran suficientes para engendrar el tipo de energía necesaria para impactar las aulas a las que dichos estudiantes regresarían. Algo había que hacer para ayudar a los profesores y a sus instituciones a entender lo importante que es asistir a un seminario en el que, por primera vez, estudiantes hispano/as realizaban estudios. ¿De qué manera serían recibidos? ¿Cómo se prepararían para asegurarse que ese único/a estudiante hispano/a que de alguna manera se atrevió a ingresar en esa institución recibiría el respaldo necesario para completar sus estudios? Igualmente importante, ¿de qué manera estaban ellos preparando a los estudiantes para predicar un evangelio relevante a sus contextos culturales? En pocas palabras, ¿cómo podría el HSP construir un puente entre los estudiantes, los profesores, la institución y las comunidades a las que muchos de esos estudiantes regresarían?

En el 2002, Justo se dedicó a lo que él sabe hacer muy bien: encarar el tema de lleno. El pidió y recibió un subsidio del Centro Wabash para la Enseñanza y Aprendizaje de Teología y Religión para crear un programa que respondiese a la necesidad de ayudar a los profesores y a sus instituciones a "explorar, entre otros temas, aquellos relacionados a la enseñanza, contribuciones, reclutamiento, respaldo y participación de latinos y latinas en nuestros programas académicos, tanto en nuestras iglesias como en nuestras comunidades en general."[4] El programa se llamó "A través de ojos hispanos", en referencia al libro de Justo *Santa Biblia: La Biblia a través de ojos hispanos* (González, 1996). El programa se enfocó en el papel que juega y la importancia que tiene la perspectiva minoritaria para fomentar lo que Justo llama "el milagro de la comunicación" cuyos beneficios se sienten en toda la iglesia. Este taller de cuatro días para profesores y administradores no hispanos de las instituciones patrocinadoras son realizadas al mismo tiempo que el HSP, del cual forma parte. Desde su inicio, el HSP ha reportado la participación de más de "50 profesores y administradores afroamericanos, euroamericanos y asiático americanos de varios seminarios y universidades"[5].

Sin embargo, Justo sabía que subsidios tan generosos como los otorgados por el Pew Charitable Trusts sólo mantendrían la obra del HSP por poco tiempo. Por eso, y antes de dejar su puesto como director del HSP, Justo pidió un subsidio a una fundación local del estado de Georgia. Con los $15,000 que recibió, Justo trabajó ese año arduamente desde la oficina en su cocina y obtuvo un millón de dólares de diversas fuentes para proveer fondos permanentes para el programa. Pero Justo fue aún más allá. Cuando faltaba poco tiempo para que se terminara el subsidio del Pew Charitable Trusts, Justo escribió a varios seminarios proponiendo un consorcio para respaldar el HSP. Inmediatamente recibió más de 20 respuestas positivas para ayudar en la transición del HSP hacia un programa respaldado por asociados. Para ello, se le pidió la ayuda de la AETH quien temporalmente administró el HSP. Años más tarde, AETH también se beneficiaría del respaldo de su programa hermano.

Gracias a la dedicación constante de Justo y a su visión y habilidad para establecer contactos, este programa que tanto apreciamos y queremos, adquirió vida propia. En la actualidad, más de 50 seminarios, escuelas de teología y universidades patrocinan el HSP, permitiendo así que continúe su obra por medio de este consorcio con beneficios mutuo. Estos seminarios entienden y valoran las contribuciones del HSP de fomentar su objetivo de equipar y formar estudiantes preparados para cumplir con el llamado dentro de una nueva realidad demográfica crecientemente latina.

---

4. Ver "Through Hispanic Eyes" en: http://depts.drew.edu/hit/hsp/eng/eyes.htm
5. Ver http://depts.drew.edu/hit/hsp/eng/eyes.htm

Es crítico y esencial entender esta nueva situación demográfica. En la actualidad, en los Estados Unidos viven más de 53 millones de latinos. Las proyecciones del Buró del Censo de los Estados Unidos indican que en el 2050, los latinos representarán poco más del 30 por ciento de la población (cerca de uno de cada tres personas), con nuestros hermanos y hermanas blancos, afroamericanos y asiáticos representando respectivamente el 46%, 15% y 9%. Estudios dirigidos por el Pew Hispanic Center indican que uno de cada cuatro bebés nacidos en los Estados Unidos es latina/o. Cada mes, 50,000 latino/as cumplen 18 años y cada vez un número mayor de latina/os asisten a la universidad[6]. Por eso, no resulta sorprendente que el 5 de marzo de 2012 la revista "Time" colocó lo/as latino/as en su portada con el título "Razones por las que los latinos elegirán el próximo Presidente". Los resultados de las elecciones presidenciales estadounidenses en noviembre de 2012 ratificaron que esa predicción era correcta. Los políticos y el mercado están prestando atención al significado de este crecimiento para sus propios fines. La tarea de la iglesia y de los seminarios de proveer el liderazgo y dirección que nuestras comunidades necesitan es apremiante. De esta manera no caeremos presos de los caprichos de políticos y economistas que no nos ven como personas, sino como votantes o como consumidores a quienes quieren atraer para su propio provecho. En las palabras de Dan Alshire, director de la ATS, "América del Norte se encamina a una clase de pluralidad racial que nunca antes existió. Si las escuelas teológicas no aprenden cómo ser instituciones educativas efectivas para estudiantes de distintos orígenes culturales y raciales y ser a la vez instituciones teológicas efectivas para las comunidades a las que esos estudiantes servirán, simplemente dejarán de ser instituciones viables a fines de este siglo"[7].

En "El Estudio," Justo estableció la metodología ministerial básica para relacionarse con esta realidad. Es una metodología autóctona por surgir de nuestras comunidades, especialmente

---

6. "Ver http://www.pewhispanic.org/2011/08/25/hispanic-college-enrollment-spikes-narrowing-gaps-with-other-groups/

7. Ver su discurso completo "Gifts Differing: Race and Ethnicity in Theological Education" en http://www.ats.edu/Resources/PublicationsPresentations/Documents/Aleshire/2008/CAOS-GiftsDiffering.pdf

de la fe en Dios que nos une a través de diversas denominaciones y áreas geográficas. La metodología incluye tres puntos: "ver / juzgar / actuar. 'Ver' requiere estar listos para ver la realidad tal como es. 'Juzgar' requiere que se mida esa realidad con las normas de la fe y que estemos comprometidos a buscar, con la mayor certeza posible, las razones de las discrepancias que puedan existir. 'Actuar' significa ser testigo, en la realidad actual que ven nuestros ojos, de la realidad venidera en la que creemos por la fe."

Los programas que a continuación mencionaré se basan en esa metodología. El liderazgo que esos programas ayudan a preparar es un recurso vital para las instituciones que quieran seguir siendo viables, pertinentes y fieles a su llamado en el siglo XXI y siglos subsiguientes.

C. La Iniciativa Teológica Hispana

Ya he enfatizado la importancia de El Estudio de Justo para establecer los cimientos que dieron lugar a los fondos para becas y otras oportunidades para nuestros estudiantes latina/os. Su trabajo y su reputación con Pew Charitable Trusts y otras fundaciones (con quienes tenemos una gran deuda de gratitud), junto con su habilidad para cosechar la sabiduría y la energía de sus colegas latino/as y no latinos condujo al desarrollo de la siguiente fase de la educación teológica hispana: la creación de la Iniciativa Teológica Hispana (HTI, en inglés).

En el año1996, por medio de donaciones generosas del Pew Charitable Trusts, el HTI comenzó a trabajar para aumentar el número de latinos graduados con doctorados en teología o en religión para enseñar en seminarios y en otras instituciones teológicas. Siguiendo las recomendaciones de El Estudio, se formó el HTI como un programa académico integral que incluye mentoría por profesores hispana/os así como oportunidades de encuentro con otra/os estudiantes a través de reuniones regionales y talleres de verano. Estos y otros componentes del programa proveen el impulso que permite que los estudiantes completen su doctorado y que lo hagan en el tiempo establecido. El HTI también fue instrumento crucial en crear oportunidades de liderazgo para mujeres latinas cualificadas quienes también recibieron una o más de las becas, resultado de las recomendaciones de Justo quien había puntualizado en El Estudio el estado menos privilegiado de las mujeres en el ámbito teológico hispano. De esta manera, la primera directora de HTI fue la Dra. Daisy Machado, la cual fue becada por el FTE, seguida por la Dra. Zaida Maldonado Pérez, que también fue becada por el FTE y el HTI. La directora actual es la Revda. Joanne Rodríguez. Justo fue el primer director ejecutivo.

En el 2007, varias escuelas de teológicas establecieron el Consorcio de la Iniciativa Teológica Hispana (HTIC). Este consorcio de escuelas es un ejemplo de cómo las instituciones pueden hacer una diferencia a través de asociaciones que facilitan el reclutamiento y la retención de eruditos latinas/os, aumentando así la cantidad de profesores de origen hispano. También este es el legado de las gestiones de Justo. Hasta la fecha, el HTIC incluye 19 universidades que otorgan doctorados.

No es un logro pequeño que en el 2010, bajo el liderazgo de la Revda. Joanne Rodríguez (verano 2002-), el HTIC recibió el Premio "Ejemplo de *Excelencia* en Educación" como el mejor programa en educación graduada en los Estados Unidos. Una lectura ligera del *Libro de Datos de la Asociación de Universidades Teológicas* (ATS) nos da evidencia de la importancia de este programa para nuestras comunidades y para el mundo académico.

El Libro de Datos mas antiguo que la ATS hace disponible en la Internet cubre el período de 1977 a 1978. No hay ningún profesor hispano entre la información que incluye categorías como "hombre blanco", "mujer blanca", "hombre negro", "mujer negra", y "hombre, de origen no clasificado"[8]. El año siguiente se agregó la categoría "mujer, de origen no clasificado". No es hasta el 1969 que los Estados Unidos tuvo su primer profesor latino protestante a tiempo completo. ¿Saben ustedes quién fue? Sí. Justo es el primer profesor latino protestante que nosotros conocemos, contratado por la Universidad de Emory para enseñar Cristiandad Mundial e Historia de la Iglesia. También fue el primer profesor en recibir permanencia el cual lo logró sólo en un año después de ser contratado. Para ese entonces, Justo ya había escrito más de seis libros, incluyendo sus primeros dos volúmenes de *La historia del pensamiento cristiano*, en inglés y

---

8. Ver http://www.ats.edu/Resources/PublicationsPresentations/Documents/FactBook/1979-80.pdf, tabla R.

español. Antes de Justo, no sabemos de ningún profesor protestante latino enseñando en los seminarios de los Estados Unidos y yo agregaría el Canadá. En el caso del *Libro de Datos de la ATS*, Justo hubiese sido incluido en la categoría amorfa "hombre, de origen no clasificado".

Como Justo mismo describe en su libro *Mañana*, la falta de latina/os en el ámbito académico teológico fue algo que para él era de suma importancia. Criado en Cuba y, a su vez convirtiéndose en el único profesor latino enseñando en una institución en que todos eran blancos, Justo recuerda cómo sus contribuciones fueron ignoradas y cómo esos incidentes fortalecieron su convicción de que "la opresión es sin duda parte de esta sociedad." Esta experiencia lo motivó a "escuchar la voz de la/os oprimida/os que están exclamando muy a menudo en nombre del cristianismo." Por ejemplo, Justo reporta que en 1985 y 1986 sólo cuatro hispanos protestantes o católicos habían completado su Ph.D., Th.D, o S.T.D. en una institución acreditada por la ATS. Al año siguiente se graduaron otros cuatro latinos, pero ninguno con doctorado. En el 1987, el número de latinos había crecido un 425%, pero aun así los hispanos representaban sólo el 2.5% de los seminaristas, tanto católicos como protestantes.

Cuando completé mis estudios en el seminario en el 1993, esta situación empezó a mejorar, pero solo un poco. Todavía había una cantidad pequeña de profesores protestantes hispanos y entre éstos sólo tres eran mujeres. Las nuevas perspectivas que percibí en aquel entonces y los programas que ya estaban establecidos cuando comencé mis estudios me motivaron a mí y a otras latinas a aspirar a ser profesoras. Aunque esto fue un gran logro para nosotras en aquella época, en el día de hoy las latinas representamos sólo la tercera parte de todos los profesores latinos. Desafortunadamente, esa escasez de profesores latino/as continúa siendo una demostración viviente de la situación actual de los seminarios y de los estudiantes doctorales de todos los grupos étnicos. Muchos de ellos no tendrían ninguna relación con profesores latina/os ni con su área de investigación con la excepción, quizá, de los escritos de Justo González y ahora de algunos otros profesores/as hispanos/as.

De acuerdo a los datos disponibles por la ATS durante los años 2007 al 2011, el número de hispanos matriculados en escuelas acreditadas por la ATS en los Estados Unidos aumentó a 339 personas. La cifra aumentó de 3,235 en el 2007 a 3,564 en el 2011. En comparación con el número de estudiantes afroamericanos (9,227), asiáticos (4,732) y blancos (40,210) en el 2011, la diferencia es todavía enorme[9]. Los datos del 2011 al 2012 indican que se graduaron 217 hispanos, comparados con 909 estudiantes afroamericanos, 492 asiáticos, y 4,397 blancos. El número de profesores hispanos de tiempo completo subió de 124 en el 2007 a sólo 126 en el 2011. Por su puesto, se debe tener en cuenta cualquier reducción debido a jubilaciones, muertes o cambios de profesión (por ejemplo, dejar el profesorado para dedicarse al pastorado). Los datos revelan que, a pesar del aumento positivo en el número de profesores y estudiantes hispanos en el seminario, todavía queda mucho por hacer para superar esta innegable y dolorosa escasez de recursos latinos. En su Estudio, en el que Justo analiza los datos del *Libro de Datos de la ATS* de los años 1986 al 1987, él menciona una cita de uno de los oficiales de la ATS, que sigue siendo verdad:

> No hay muchos datos positivos con respecto a los programas para estudiantes graduados después de la maestría en divinidad. No hay muchos seminaristas graduados que anhelan el tipo de estudios que los prepararían para enseñar en seminarios teológicos. Mientras que la matrícula de estudiantes hispanos crece, e incrementa el número de escuelas buscando profesores hispana/os, la información no indica el surgimiento de un grupo de personas capacitadas de manera tradicional (esto es, un doctorado académico) para responder a las invitaciones a enseñar. Es una circunstancia desafortunada.(1988:74)

A pesar de esto, no me puedo imaginar dónde estaríamos sin la voz de Justo y su trabajo para crear la clase de programas que todavía están cambiando la dirección de esta "circunstancia desafortunada". Motivado por su dolor personal, su amor por la comunidad y por la iglesia de Dios, Justo determinó que las circunstancias eran inaceptables y se dio a la tarea de forjar oportunidades nuevas. Permítame compartir algunas razones por las cuales nos debemos regocijar.

---

9. Ver http://www.ats.edu/LeadershipEducation/Documents/DiversityFolio.pdf.

Desde la primera sesión hace 24 años, más de 100 profesores hispanos (entre ellos católicos) han educado a más de 1,000 estudiantes en el HSP[10]. Además, la directora del HTIC, Joanne Rodríguez, reportó 81 nuevos graduados con títulos doctorales becados por el HTI. Ellos forman parte del grupo de profesores que hacen una diferencia en las clases, en sus comunidades y en todo el mundo. Los estudiantes becados por HTI se gradúan en un tiempo récord de 5.5 años, sobresaliendo y avanzado en su vocación para enseñar. El folleto del HTI en el 2012, *Living the Legacy*, destaca que más de 62 libros han sido escritos por personas becadas del HTI. Algunos de estos libros se leen por todo el mundo. Algunos de nuestros graduados enseñan, predican y sirven en diferentes lugares desde las iglesias en sus barrios locales hasta Harvard y Fuller, y desde México hasta Italia, Holanda y Suiza. En estos lugares, ellos sirven como presidentes de colegios, institutos bíblicos y de instituciones de educación teológica de nivel superior. Por lo menos cinco de ellos son vicepresidentes de asuntos académicos o vicepresidentes de otras oficinas o programas de las escuelas teológicas donde sirven. Siete o más han sido decana/os. Doce son profesores a tiempo completo. Uno es embajador de los Estados Unidos en el Vaticano. Otros son directores de programas, departamentos, o presidentes en asociaciones académicas. Uno es el director de Acreditación y Evaluación Institucional de la ATS. Otro fue recientemente seleccionado por el Huffington Post como uno de los siete dirigentes religiosos latinos más influyentes. ¡Díganme si estos datos no son razones para prorrumpir un fuerte "Amén"! Estos programas, por medio de sus directores y asociados están haciendo una diferencia. Justo: tú y tu legado siguen haciendo una diferencia. Tus esfuerzos han validado la comunicación sobre la enseñanza contextualizada y le han dado expresión a cómo debe ser modelada la educación "según el todo". Tu compromiso tenaz ha ayudado a despejar el camino "para asegurar que haya recursos y vitalidad disponibles para toda la iglesia" y por toda la iglesia. En verdad, el futuro es más brillante gracias a tu incesante ejemplo de lo que toma confiar que Dios puede crear el mañana que tanto ansiamos en el presente.

---

10. Ver http://www.hispanicsummerprogram.org/.

D. *"Preparando líderes para transformar radicalmente la comunidad y la iglesia latina":* La Asociación para la Educación Teológica Hispana.

Grandes cosas pueden pasar cuando el pueblo de Dios se reúne para combinar sus recursos y soñar con algo aparentemente imposible en el nombre del Dios de las posibilidades. La AETH nació en el verano de 1991 como resultado de un *Encuentro* de líderes hispanos en educación teológica que buscaban la manera de fomentar la colaboración y enriquecimiento mutuo entre el ámbito académico y las iglesias a la que los académicos están llamados a servir. Dicho encuentro se realizó en Decatur, GA en 1991 en Columbia Theological Seminary. El tema de la *Asociación* para su primera asamblea en el 1992 fue *Derramaré mi Espíritu*, un tema muy adecuado. Hubo momentos de mucha emoción y el impulso que el Espíritu le dio a esos inicios todavía se siente en las numerosas actividades de la *Asociación*. De hecho, creo que el *"movimiento del Espíritu"* manifiesta lo que la AETH significa para sus miembros y las instituciones que reciben sus beneficios y que, a su vez, contribuyen a la misión general de "Preparar líderes para transformar radicalmente la comunidad y la iglesia latina".

La declaración de objetivos es importante por lo que revela. La AETH intencionalmente expresa su misión en términos de un ministerio presente-futuro y continuo para transformar radicalmente la iglesia y las comunidades hispanas. La existencia de AETH gira en torno a la visión de este presente-futuro lleno de esperanza. Estos son algunos ejemplos que demuestran la verdad de esta afirmación.

1. Institutos bíblicos

La pasión central de AETH es la iglesia y especialmente su rama educativa: el instituto bíblico. Muchos de quienes sirven en una iglesia hispana han asistido o asistirán a un instituto bíblico por dos o tres años. Los *institutos* son críticos para la formación y capacitación teológica de líderes. Al contrario de lo que sucede con muchos de nuestros seminarios, los institutos son económicamente y geográficamente accesibles (porque generalmente están en los mismos barrios en los que están las iglesias), ecuménicos (por lo general, los estudiantes no tienen que pertenecer a la iglesia o denominación que patrocina el instituto), y ofrecen educación teológica contextualmente relevante. Estos institutos son y seguirán siendo vitales entre nosotras/os. Como bien lo dijo Dr. Daniel Aleshire:

> hay otras fuentes de sabiduría (además de los títulos académicos y la erudición), con el mismo nivel de actividad intelectual y viabilidad, que se acumula por la disciplina de preparar sermones cada semana, por decidir qué hace falta para que la congregación funcione bien, por ser parte de una comunidad de fe de palabra y de hecho, y por ser gente en medio de un dolor y tristeza indecibles. Es un trabajo muy duro y si los pastores lo hacen bien, desarrollan una sabiduría que no se puede obtener de los libros y de las presentaciones académicas de AAR [Academia Americana de la Religión] o de SBL [Sociedad de Literatura Bíblica][11].

Necesitamos los institutos tanto para la iglesia como para lo que contribuyen a través de sus estudiantes a la academia y al trabajo del Reino.

AETH ha estado en la vanguardia de este compromiso desde el 1991 por medio del respaldo de la obra de los trabajadores en el meollo ministerial de nuestros pueblos; es decir, "aquellas otras fuentes de sabiduría con el mismo nivel de actividad intelectual y viabilidad" que se llaman las pastoras y los pastores, los líderes laicos y los institutos bíblicos que se preocupan de desarrollar, cuidar y discipular.

En su libro *Mañana*, Justo, haciendo referencia a la obra de Lope de Vega *Fuenteovejuna*, pide que la teología se haga al "estilo Fuenteovejuna", es decir, de manera comunitaria. Esto va en contra del "individualismo exagerado" que tan claramente se ve en los círculos académicos occidentales. "Si la teología es la tarea de la iglesia y la iglesia, por definición, es una comunidad, entonces no debería haber tal cosa como teología individual. La mejor teología es una empresa comunal"(1990: 29). Gracias a un proyecto desarrollado por Justo y subsidiado por Pew Charitable Trusts, llamado "Fortaleciendo la educación teológica comunitaria en la comunidad

---

11. Ver p.5 en http://www.ats.edu/Resources/PublicationsPresentations/Documents/Aleshire/2010/Biennial-FutureHasArrived.pdf.

hispana," AETH pudo darse a esa empresa comunal. Con los fondos, AETH desarrolló estrategias y oportunidades para una cooperación mutua entre "dos excelentes sistemas de educación teológica, pero incompletos" (las instituciones acreditadas por ATS y los institutos bíblicos) con el propósito de "recibir cada uno del otro lo que parece que a cada uno le falta". Los primero pasos hacia esta meta incluyeron varias reuniones entre profesores de seminarios con directores de institutos bíblicos para discutir la posibilidades de apoyo mutuo. Luego de varios intentos de crear este diálogo entre institutos bíblicos y seminarios, la Asamblea Bianual de AETH (con Justo) decidió reevaluar la estrategia. ¿De qué manera podría la AETH crear el ambiente para un diálogo entre institutos bíblicos y seminarios sin que unos resulten dominados por el poder y el prestigio de los otros, es decir, aquellos acreditados por la ATS? ¿Cómo podríamos ayudar a que los seminarios visualizaran a los institutos bíblicos como colegas en su misión y no como una institución irrelevante o, en el peor de los casos, como adversario? ¿No sería mejor utilizar el tiempo de la AETH para reajustar nuestra visión y enfocarnos en fortalecer la educación teológica comunitaria en la comunidad hispana? La respuesta a esta última pregunta fue: "¡Sí!" *¡Absolutamente!*

Con ese propósito, Justo, con el Dr. Pablo A. Jiménez, primer director ejecutivo electo de la AETH, pusieron manos a la obra y, como ya lo suponen, escribieron una propuesta. Gracias a dos donaciones otorgadas por la Fundación Henry Luce, la AETH enfocaría la mayor parte de su trabajo en fortalecer los institutos bíblicos, "tanto como una voz dentro de la AETH y como centros legítimos de educación teológica en nuestros barrios". El propósito de AETH incluiría ayudar a los *institutos* "a producir un ministerio que se comprometa con su comunidad, sabiendo cómo relacionarse con los temas centrales y con el significado de la fe cristiana en esa comunidad" De esta manera, la AETH continúa su tarea de promover oportunidades para el diálogo en una mesa de iguales y con la colaboración mutua al nivel de comunidades de base con programas centrados en la comunidad.

Más recientemente, con respecto a los institutos bíblicos, la AETH nuevamente se ha decidido a hacer historia. Por medio de sus esfuerzos, la importante misión de los institutos bíblicos hispanos está comenzando a ser reconocida y afirmada. En el pasado esto nunca se hubiese previsto. Me refiero a la Comisión Conjunta de la AETH/ATS, en la cual tuve el privilegio de participar. La tarea de esta comisión fue "desarrollar estándares, recomendaciones de currículo y procesos para los institutos bíblicos hispanos/latinos interesados y elegibles a ser certificados por la AETH en los Estados Unidos, Puerto Rico y el Canadá". Sus metas incluyeron:

> crear y formalizar un proceso de certificación que: (a) promoverá y mejorará la educación teológica de los institutos bíblicos elegibles para que sus graduados funcionen a nivel de bachillerato y estén equipados para ser líderes para la transformación radical de la iglesia y la sociedad, y (b) proveerá, para los graduados de los institutos bíblicos certificados por AETH, un camino accesible para matricularse en las instituciones teológicas graduadas acreditadas por la ATS[12].

Por medio de estas gestiones, también se proveen modelos de excelencia, mejores prácticas y recursos para los *Institutos*.

2. Proveyendo recursos prácticos para las comunidades latinas

Desde sus comienzos, la AETH le ha provisto a más de 1,200 miembros, 100 instituciones afiliadas y más de 100 pastores de iglesias locales una amplia variedad de recursos ministeriales y un sinnúmero de oportunidades para compartir juntos. En verdad, la AETH se ha dado a conocer rápidamente, algo que ha beneficiado a las comunidades y a la iglesia en general. Algunos de estos recursos significaron crear las posibilidades de ministerios transformadores que van más allá de las paredes de la iglesia para responder a las necesidades de la comunidad. Por ejemplo, estos recursos incluyen talleres sobre la difícil y complicada tarea de escribir propuestas para la consecución de fondos para programas. Justo es un ejemplo concreto de los enormes efectos que esta destreza puede generar. La AETH también ha ofrecido talleres en

---

12. Ver http://www.aeth.org/aeth/ae11/images/PDF-FORMS/commission%20reports%20englishi.pdf.

temas como las implicaciones ministeriales del crecimiento demográfico de la comunidad latina en los Estados Unidos. Incluso, AETH ha publicado tres importantes series de libros escritos en español desde una perspectiva hispana por eruditos y educadores latina/os. Esto surgió para responder a las necesidad de recursos prácticos en español. Estos libros nos proveen herramientas prácticas para el ministerio y el discipulado. Gracias a AETH, esto significa que los eruditos y ministros hispano/as tienen la oportunidad de publicar sus primeros libros y de seguir conectados con la iglesia y sus ministerios. La AETH también está desarrollando varios DVDs en español, así como cursos en línea enseñados por teólogos latino/as para suplementar el material educativo para los institutos bíblicos. Finalmente, el proyecto *Tertulias*, que también comenzó con una idea de Justo, y quien escribió la propuesta que permitió su desarrollo, continúa enlazando a pastores, que de otra manera quizás no se reunirían. Las *Tertulias* permiten que los pastores se enfoquen en temas y proyectos de importancia para su congregación local. Hasta la fecha, existen 211 grupos de *Tertulias* que incluyen a 1,427 pastores, 518 laicos y 815 iglesias[13]. Quienes conocen la dificultad de reunir a pastores ocupado/as, especialmente cuando no se conocen o no son de la misma denominación, reconocerán que las Tertulias de AETH son un gran logro. En fin, este programa provee una oportunidad más para desarrollar y beneficiarse de las habilidades y conocimientos de los líderes latino/as.

3. El Centro "Justo L. González" de Ministerios Latinos

Otro elemento vital en el trabajo de la misión AETH es el Centro Justo L. González para Ministerios Latinos. El "Centro Justo", como cariñosamente se lo conoce, está ubicado el Seminario Teológico Asbury en Orlando, Florida. El nombre, obviamente, es para honrar a Justo y a sus muchas contribuciones a la AETH y a la educación teológica hispana/latina. El nombre abreviado, "Centro Justo" es en sí mismo

---

13. Ver p.8 en el reporte del Director Ejecutivo de AETH presentado durante la Asamblea Bienal del 2012 en http://www.aeth.org/wp-content/uploads/2012/10/annualreporteng.pdf.

un maravilloso juego de palabras en inglés y en español que definen el corazón de su misión: la tarea de promover la justicia a través del desarrollo continuo de líderes hispanos y de recursos para el trabajo de la iglesia y de sus instituciones teológicas. Con esta meta, el Centro Justo fue creado para servir "como un repositorio central y lugar de capacitación para el desarrollo de liderazgo de la iglesia latina y de recursos y diálogo en teología latina e hispana". Así, durante el "Foro sobre la Educación Teológica de los Latinos en el Siglo XXI", que tuvo lugar en octubre de 2011 como parte de las ceremonias de apertura del Centro, se reunieron practicantes y académicos de todo los Estados Unidos, Canadá, Puerto Rico y la República Dominicana para explorar temas y establecer contactos.

La AETH, por medio del Centro Justo, "centraliza y organiza estratégicamente… la gama completa de programas y servicios por los cuales la AETH está activa y por los que busca concretar en su totalidad el alcance y el potencial de impacto" de esta organización. De hecho, muchos de los recursos antes mencionados que son administrados por la AETH se están desarrollando por medio del Centro. Esto incluye servicios relacionados con la preparación de currículo para seminarios, institutos bíblicos, colegios e iglesias, así como consultorías sobre temas de diversidad, capacitación cultural, historia y teología hispana/latina. Como mencionamos, aunque la principal área geográfica de este servicio del Centro son los Estados Unidos, su visión y alcance va mucho más allá.

Finalmente, y como parte de nuestra herencia latina, el Centro Justo también alberga los muchos títulos honorarios, certificados, libros, notas y otros elementos del legado de Justo González. En muchos casos se trata de copias originales cuyo valor para investigaciones futuras seguiremos descubriendo.

El Centro no es un "santuario" para Justo, aunque, por supuesto, ¡se aceptan los peregrinajes al Centro y las donaciones para mantener su obra! Al contrario, el Centro es un regalo, un recordatorio y un desafío viviente a no sólo *ver* y *juzgar*, sino también *actuar*. Es un *testimonio* de lo que puede suceder cuando "buscamos la manera de ser testigos en la realidad presente" sin importar cuán intransigente sea la situación o cuán difícil el recorrido. Es un *símbolo* de una visión forjada por la fe que nos llama a seguir a Aquél que dijo "Id y haced discípulos" en *todas* las naciones. Ciertamente, es un lugar para *festejar* logros, pero también es un lugar para sentir inquietud y motivación para emprender lo que todavía queda por hacer. El Centro Justo y todo lo que allí se hace, se levanta como oración de gratitud al Dios que revoluciona a las personas y a los pueblos para que, junta/os, abramos surcos, rompamos barreras y levantemos un pueblo preparado para la gloria de Dios y para beneficio de su creación. La información sobre eventos y recursos disponibles en el Centro se encuentra en su página cibernética.

En definitiva, gracias a la obra de Justo y a su reputación, la AETH y los otros programas mencionados han recibido millones de dólares en subsidios por parte de Pew Charitable Trusts, la Fundación Lilly, la Fundación Henry Luce, el Wabash Center, y otras instituciones. Mucho más preciosas e importantes, sin embargo, son las personas que contribuyen fielmente con sus finanzas y otros recursos para continuar con la tarea y la misión de una *Asociación* (AETH) que está gobernada por sus miembros para el beneficio de las comunidades y para la gloria y la misión del Dios que nos llama a todos al servicio.

No puedo concluir esta sección sin un agradecimiento especial de parte de todos nosotras/os a los primeros directores ejecutivos que iniciaron la AETH, ayudándola a llegar a ser lo que hoy es. Entre esos directores figuran el Dr. Pablo A. Jiménez, el Rev. José Daniel Montañez, y nuestra hermana que ya está con el Señor, la Revda. Norma Ramírez[14].

Conclusión

Una de las cosas que admiro de Justo es su habilidad para no desanimarse con las dificultades y preocupaciones que se le presentan. Cuando le pregunté qué lo motiva a buscar soluciones

---

14. La lista de los ex presidentes de AETH, que incluye a Justo, se encuentra en: http://www.aeth.org/aeth/ae11/index.php/aeth-formal-presidents

donde otros sólo ven caos, compartió una expresión que su profesor en Cuba con frecuencia repetía: *"Dios escribe derecho con las líneas torcidas de los hombres"*. Para Justo, los problemas son sólo ejemplos de esas "líneas torcidas" que Dios usa para crear *una nueva historia*. Esta confianza en el Dios que hace que las líneas torcidas se enderezcan ha sido el principal factor motivador en la vida de Justo. Y este también es otro aspecto del legado de Justo: el recordatorio de que somos gente resistente que, con la ayuda de Dios, siempre hemos aprendido a hacer "de tripas corazón". Como muchos de los crucigramas que Catherine y él han descifrado a través de los años (uno de sus pasatiempos preferidos), Justo, como Catherine, se ha aferrado a su fe en el Dios de posibilidades. Él, con la ayuda y la sabiduría de Catherine y de otra/os, ha generado expresiones de esperanza creativas, sólidas y duraderas. Estas expresiones no son los números que antes compartí. Por el contrario, son las historias de personas como tú y yo; historias de estudiantes jóvenes y adultos, de profesores, líderes, revolucionarios y embajadores de los abatidos, y de mentores para aquella/os que quieren abrir caminos. Ellas son la Dra. Elizabeth Conde-Frazier, vicepresidente de educación y decana académica de Esperanza College, ubicado en lo que algunos consideran un "barrio", pero que para ella es un suelo fértil de esperanza y capacitación; ellos son el Rev. Gabriel Salguero, presidente de la Coalición Nacional de Latinos Evangélicos (con sede en Nueva Jersey), que trata temas como pobreza, inmigración y la creciente desigualdad educativa; ellos son el Dr. Alberto Hernández, presidente interino de la Escuela de Teología Iliff que escribe sobre expresiones de reconciliación entre musulmanes, cristianos y judíos en tiempos de crisis; ellos y ellas son el Dr. Carlos Cardoza-Orlandi, la Dra. Awilda Nieves y ustedes y muchos otro/as cuyos nombres no conozco. Cabe señalar también, entre ellos, el ex presidiario que en la actualidad es director de un programa de capacitación de Liderazgo Urbano quien me envió por correo electrónico la siguiente carta:

> Hermana, soy una clase muy diferente de seminarista. Crecí en las calles y en el sistema de justicia para delincuentes juveniles. Las pandillas y la violencia eran mi cultura. Dios me llamó a los 19 años cuando estaba completando una sentencia de cinco años. Allí completé mi diploma de equivalencia de secundaria y escribí todos mis

ensayos de ingreso a la universidad porque Dios me dijo allí, en un sueño, que El me enviaría al mundo académico. Anónima y misteriosamente, miles de dólares comenzaron a llegar y pude asistir a la Universidad Menonita. Me gradué en tres años con dos especializaciones: ciencias políticas y estudios religiosos. Tuve el privilegio de estudiar y de dirigir proyectos urbanos en otros países.

Hoy, a los 30 años, enseño y dirijo dos programas en barrios urbanos empobrecidos y capacito a jóvenes universitarios para que salgan a las calles. Pero me encuentro con un dilema con respecto al seminario. No encuentro a latinos que puedan ayudarme con esto y a veces la situación se torna difícil para un hombre latino en una organización predominantemente blanca. He soñado con sentarme a los pies de Justo para aprender. (Algunos de sus colegas aquí en mi ciudad me llaman el "mini Justo"). Él no lo sabe, pero en un sentido real, aunque indirecto, el hermano Justo me discipuló cuando yo estaba en la prisión.

Yo le hice llegar esta carta a Justo, quien inmediatamente le hizo una llamada. ¡Qué me dicen de los seis grados de separación! Estas son sólo una fracción de las historias que Dios está utilizando para impactar al mundo con la encarnación de su reino. Los seis grados de separación de Justo son aceptables; podemos subsistir esa distancia. Pero seis grados de separación del Dios de la esperanza es inaceptable. Es por esto que el legado de Justo de una formación para el servicio al prójimo es tan importante.

Si hay algo que conozco es que Justo no quiere que termine sin presentar un desafío. El tiempo es muy valioso. Los dejo con el desafío que él recientemente presentó a la Iglesia Metodista Unida. Ustedes pueden ver el video completo en YouTube. Así es, ¡Justo también está en YouTube! En su palabras: "Si nosotros no encontramos maneras de expandir… los ministerios hispanos… encontraremos que nos hemos dedicado a ser irrelevantes para lo que quizá sea la cuarta parte de la población de la nación". Con su típica actitud de "Sí, se puede", Justo nos recuerda que "la oportunidad es mayor que el desafío". Por eso, con Justo, les hago la pregunta que ha dado energía y ha creado estos grupos que están resonando y extendiéndose en todo el país: ¿Cuál va a ser nuestra respuesta al llamado? ¿Serás tú parte de esa respuesta? "¡Fuenteovejuna…*todos (todas) a una*!"

Obras Citadas

Justo González, 1988. *The Theological Education of Hispanics. A Study Commissioned by The Fund for Theological Education.*

Justo Gonzalez, 1990. *Mañana: Christian Theology from A Hispanic Perspective.* Nashville, TN: Abingdon Press.

Justo González, 1994. *Historia del Cristianismo: desde la era de los mártires hasta la era de los sueños frustrados.* Miami, FL: Editorial Unilit.

Justo González, 1996. *Santa Biblia: The Bible Through Hispanic Eyes.* Nashville, TN: Abingdon Press.

Justo González, 2002. *The Changing Shape of Church History.* St. Louis, MO: Chalice Press.

Pura paja

Octubre 20, 2012

$\mathcal{M}$uy buenos días. Me siento altamente honrado y complacido por la presencia de todos y cada uno de ustedes. Y me siento igualmente complacido y honrado por la oportunidad de estar entre ustedes.

Pero al mismo tiempo debo confesar que, por mucho que me agrade su compañía, yo hubiera preferido no estar aquí ahora ante ustedes. Lo que es más, cuando se me preguntó si prefería diseñar todo este servicio de adoración, o limitarme a una breve meditación, opté por lo último.

Esa opción se debió a dos razones. La primera resultará obvia para quien de veras me conozca: ¡siempre que se me presenta la oportunidad, no importa de qué tarea se trate, opto por dejar que otra persona haga el trabajo! Por eso le pedí a Fernando y su equipo que se ocuparan del resto de este período de devoción.

Pero la segunda razón es mucho más importante: Se trata de lo incómodo de la situación misma. De haber estado yo a cargo de preparar todo el servicio, hubiera tenido que incluir una oración de confesión. En esa oración me hubiera visto obligado a pedir perdón por la facilidad con que eventos como este y amigos como ustedes me arrastran hacia un orgullo indebido. Y también hubiera tenido que llamarles a ustedes a arrepentirse por tantas exageraciones sobre lo que he hecho —bellas y amables, pero con todo y eso exageraciones.

Luego, quisiera tomar estos breves minutos, primero, para una aclaración; y, luego, para llamarnos al evangelio por el cual todos vivimos.

La aclaración que deseo hacer es que nada de todo esto de que nos ocupamos en estos días hubiera sido posible sin Catherine. Por lo menos la mitad de todo lo que he escrito han sido sus ideas; y en la otra mitad ha sido ella quien me ha inspirado y ayudado a ordenar mis pensamientos. ¡Pero lo que es mucho más importante es la multitud de cosas que no he escrito gracias a su sabiduría!

Catherine me mantiene siempre pensando. Catherine me mantiene trabajando. ¡Pero sobre todo, Catherine me llama a ser humilde! Y esto no lo hace señalándome mis errores y mis faltas —aunque en ocasiones, y con toda razón, sí lo hace. Catherine me llama a la humildad recordándome repetidamente las altas metas que conlleva esto de ser humano y de ser cristiano. Gracias, Catherine. ¡Te amo!

Uno de los comentarios favoritos de Catherine, particularmente cuando necesito una pequeña dosis de humildad, es que yo nunca he tenido un pensamiento que no haya publicado. Eso es casi completamente cierto. Pero más cierto todavía es la contraparte, que Catherine nunca me ha dicho, pero que bien sé es verdad, y es que no solo he tenido pocos pensamientos que no haya publicado, ¡sino también que he publicado muchas cosas impensadas!

Cuando ahora hecho una mirada retrospectiva hacia más de cincuenta años de escribir y publicar, veo ante todo que se trata de una responsabilidad sobrecogedora. Para mí escribir es fácil. De hecho, otro de esos comentarios favoritos de Catherine es que en lugar de sangre, lo que corre por mis venas es tinta. (Aunque hoy sería mas apto decir que tengo "toner" de impresora.) Pero, precisamente porque me resulta tan fácil escribir, frecuentemente hubiera querido deshacer algo que he publicado, y que ya no puedo retirar ni corregir—en lo cual los fabricantes de automóviles, con sus frecuentes "recalls", me llevan la ventaja.

Ese deseo de retirar lo escrito me vino por primera vez poco después de publicar mi primer librito. Unos pocos meses después de publicarlo me llegó una carta de un misionero a quien había conocido en Cuba. Venía de Viet Nam, donde en aquellos años la guerra dominaba el escenario. En esa carta aquel amigo comentaba sobre los heridos a quienes estaba tratando de ayudar, y de otro misionero quien había sido muerto la noche anterior. ¡Y entonces me daba las gracias, diciéndome que lo que le había impulsado a ir a Viet Nam era algo que había leído en mi librito!

Durante varios meses me negué a publicar una palabra más. No fue sino cuando supe que aquel amigo estaba de regreso en Carolina del Norte, sano y salvo, que me atreví una vez más a poner mis pensamientos por escrito para publicación. Pero aquella experiencia me lleva a preguntarme repetidamente: ¿Qué consecuencias pueden haber tenido mis publicaciones impensadas?

Pero entonces, al meditar más sobre el asunto, llego a la conclusión de que, cuando de teología se trata, todos nuestros pensamientos, publicados e inéditos, son en realidad "impensamientos".

El profeta Isaías lo dice bien claro cuando pone en boca de Yahvé las palabras: "Mis pensamientos no son vuestros pensamientos, ni mis caminos son vuestros caminos, dice el Señor. Porque así como los cielos están muy por encima de la tierra, así también están mis caminos por encima de vuestros caminos, y mis pensamientos por encima de vuestros pensamientos" (Is 55.8-9).

Podemos enorgullecernos de nuestros pensamientos acerca de Dios, de nuestros grandes sistemas teológicos, de nuestras disquisiciones eruditas, de nuestra exégesis y de nuestra hermenéutica. Pero después de todo lo cierto es que todas nuestras palabras, todos nuestros pensamientos, no son sino un atisbo del Misterio a quien buscamos servir —de un misterio tan profundo, tan misterioso, que ha sido escondido de los sabios y los eruditos, y les ha sido revelado a los pequeños y a los que maman. Porque los pensamientos de Dios están tan por encima de nuestros pensamientos como está el cielo por encima de la tierra.

No ha de sorprendernos por tanto el que, hacia el fin de su breve vida, tras tener una visión de Dios, Santo Tomás de Aquino declarara que todo cuanto había escrito—sus dos grandes Sumas, su Comentario sobre las Sentencias de Pedro Lombardo, sus comentarios sobre Aristóteles, hasta la última palabra— todo, todo no era sino paja.

De manera semejante, aunque con más humor, Karl Barth, tras haber completado trece volúmenes de su Dogmática Eclesiástica, comentó que: "Los ángeles se burlas del viejo Karl. Se burlan de sus intentos de captar de la verdad de Dios en un libro sobre dogmática. Se burlan porque un libro sigue a otro, cada uno más grueso que el anterior, y ellos se ríen y dicen entre sí: '¡Miren! Ahí va él con su carretilla cargada de volúmenes sobre teología'."

No hace falta una visión como la de Santo Tomás, ni un intelecto como el de Barth, para darnos cuenta de que todo cuanto hacemos, todo cuanto pensamos, todo cuanto escribimos, todo cuanto enseñamos, no es sino pura paja cuando se le compara con la verdad de Dios. Podemos llenar carretillas y hasta carretones con todo eso, pero sigue siendo paja. Nuestras palabras son pajas que se lleva el viento. Nuestros pensamientos, débiles cañas de paja de que nos asimos tratando de darle sentido a la realidad. Y casas de paja son nuestros sistemas teológicos.

Todo eso no quiere decir que nuestros pensamientos y nuestros sistemas no sean importantes. Son importantes sencillamente porque son todo lo que tenemos, todo lo que podemos alcanzar. Son importantes porque se nos llama a practicar la mayordomía de lo que tenemos, y esto es lo que tenemos.

Una vez que entendemos claramente que nuestro conocimiento y nuestra sabiduría no son sino paja, entonces —y solo entonces— podemos escuchar el evangelio, las buenas nuevas, en las palabras de Jesús, que estas cosas han sido escondidas de los sabios y los eruditos, y les han sido reveladas a los pequeños de leche.

¡Paja! ¡Todo pura paja! Pero al pensar sobre todo esto recuerdo las líneas del poeta español Luis de Góngora y Argote, acerca de la Navidad:

> Caído se le ha un clavel
> a la aurora de su seno.
> ¡Qué glorioso que está el heno,
> porque ha caído sobre él!

¡Nuestro Señor tuvo a bien venir a reposar en un pesebre lleno de heno, de pura paja!

Sí, nuestros pensamientos, nuestra teología, no son sino paja. Pero siempre podemos gozarnos en la esperanza de que, como en aquel pesebre de antaño, nuestra paja de hoy sea como aquel heno en el cual el Señor de todo cuanto existe se dignó reposar.

¡Ven, Señor Jesús! ¡Amén!

Justo L. González
A bibliography
Una bibliografía

$\mathcal{T}$he following is a list, in chronological order of the 116 books Dr. Justo González has written until today. To take a look to the 1149 articles and bible studies he has published in church journals as well as in academic theological journals, dictionaries and encyclopedias visit www.aeth.org

La siguiente es una lista, en orden cronológico, de los 116 libros el Dr. Justo González ha escrito hasta hoy. Para mirar a los 1149 artículos y estudios bíblicos que él ha publicado en revistas de iglesia así como en revistas teológicas académicas, diccionarios y enciclopedias visite www.aeth.org

Acts of the Apostles. Vol 13 of Journey Through the Bible. Edited by Debra G. Ball-Kilbourne. Nashville, TN: Cokesbury, 1995.

Acts: The Gospel of the Spirit. Maryknoll, NY: Orbis, 2001.

¡Alabadle! Hispanic Christian Worship. Edited by Justo L. González. Nashville, TN: Abingdon Press, 1996.

Ambrosio de Milán. San Jose, Costa Rica: Centro de Publicaciones Cristianas, 1970.

The Apostles' Creed for Today. Louisville, KY: Westminster/John Knox, 2006.

Bosquejo de historia de la iglesia. Decatur, GA: AETH, 1995. (Portuguese translation, São Paulo, 1998.)

Breve historia de las doctrinas cristianas. Nashville: Abingdon Press, 2007.

The Changing Shape of Church History. St. Louis, MO: Chalice, 2002.

Christian Thought Revisited: Three Types of Theology. Nashville, TN: Abingdon Press, 1989; second edition, Maryknoll, NY: Orbis Books, 1989. (Korean translation, Seoul, 1991. Korean translation of rev. ed., Seoul, 2000)

Christianity in Latin America: A History, with Ondina E. González. Cambridge: Cambridge University Press, 2008. (Portuguese translation, São Paulo, 2010.)

Church History: An Essential Guide. Nashville, TN: Abingdon Press, 1996. (Korean translation, Seoul, 1998. Japanese translation, Tokyo, 2012)

A Concise History of Christian Doctrine. Nashville, TN: Abingdon Press, 2005.

The Crusades: Piety Misguided. Nashville, TN: Graded Press, 1988.

Culto, cultura y cultivo: Apuntes teológicos en torno a las culturas. Lima, Peru: Ediciones Puma, 2008.

Desde el siglo y hasta el siglo: Esbozos teológicos para el siglo XXI. Mexico City: Seminario Teológico Presbiteriano, 1997.

Desde la Reforma hasta nuestros días. Vol. 3 of Historia del pensamiento cristiano. Miami, FL: Caribe, 1993. Reprinted by Caribe in one vol., jointly with #s 2 and 9. Reprint: Barcelona: CLIE, 2010.

Desde los orígenes hasta el Concilio de Calcedonia. Vol 1 de Historia del pensamiento cristiano. Buenos Aires: Methopress, 1965; second edition: Miami, FL: Caribe, 1992. Reprint: Barcelona: CLIE, 2010.

Desde San Agustín hasta las vísperas de la Reforma. Vol 2 de Historia del pensamiento cristiano, translated by Justo L. González. Buenos Aires: Methopress, 1972; second edition, Miami, FL: Caribe, 1992. Reprint: Barcelona: CLIE, 2010.

The Development of Christianity in the Latin Caribbean. Grand Rapids, MI: Eerdmans, 1969.

Diccionario ilustrado de intérpretes de la fe. Edited by Justo L. González. Barcelona: CLIE, 2004. (Portuguese translation, São Paulo, 2005. English translation, Louisville, 2006).

Diccionario manual teológico. Barcelona: CLIE, 2010.

Each in Our Own Tongue: A History of Hispanic United Methodism. Edited by Justo L. González. Nashville, TN: Abingdon Press, 1991.

Early and Medieval Christianity. Vol 1 of The Story of Christianity. New York, NY: Harper & Row, 1984. Translation and adaptation by Justo L. González of Y hasta lo último de la tierra: Una historia ilustrada del cristianismo, vols. 1-5,7. (Korean translation, Seoul, 1987; Russian translation, St. Petersburg, 2001; Japanese translation, Tokyo, 2002.) Revised and updated as The Early Church to the Reformation, vol. 1 of The Story of Christianity. New York: HarperOne, 2010.

La educación ministerial ayer, hoy y mañana. (Barcelona: CLIE, 2012). Traducción portuguesa, São Paulo, 2012.

En nuestra propia lengua. Edited and translated by Justo L. González. Nashville, TN: Abingdon Press 1991.

La era de las tinieblas. Vol 3 of Y hasta lo último de la tierra: Una historia ilustrada del cristianismo. Miami, FL: Caribe, 1978. (Portuguese translation, São Paulo, 1981.)

La era de los altos ideales. Vol 4 of Y hasta lo último de la tierra: Una historia ilustrada del cristianismo. Miami, FL: Caribe, 1979. (Portuguese translation, São Paulo, 1981.)

La era de los conquistadores. Vol 7 of Y hasta lo último de la tierra: Una historia ilustrada del cristianismo. Miami, FL: Caribe, 1980. (Portuguese translation, São Paulo, 1983.)

La era de los dogmas y las dudas. Vol. 8 of Y hasta lo último de la tierra: Una historia ilustrada del cristianismo. Miami, FL: Caribe, 1983. (Portuguese translation, São Paulo, 1984.)

La era de los gigantes. Vol 2 of Y hasta lo último de la tierra: Una historia ilustrada del cristianismo. Miami, FL: Caribe, 1978. (Portuguese translation, São Paulo, 1980.)

La era de los mártires. Vol 1 of Y hasta lo último de la tierra: Una historia ilustrada del cristianismo. Miami, FL: Caribe, 1978. (Portuguese translation, São Paulo, 1980.)

La era de los nuevos horizontes. Vol. 9 of Y hasta lo último de la tierra: Una historia ilustrada del cristianismo. Miami, FL: Caribe, 1987. (Portuguese translation, São Paulo, 1988.)

La era de los reformadores. Vol. 6 of Y hasta lo último de la tierra: Una historia ilustrada del cristianismo. Miami, FL: Caribe, 1980. (Portuguese translation, São Paulo, 1983.)

La era de los sueños frustrados. Vol. 5 of Y hasta lo último de la tierra: Una historia ilustrada del cristianismo. Miami, FL: Caribe, 1979. (Portuguese translation, São Paulo, 1981.)

La era inconclusa. Vol. 10 of Y hasta lo último de la tierra: Una historia ilustrada del cristianismo. Miami, FL: Caribe, 1988. (Portuguese translation, São Paulo, 1995.)

Essential Theological Terms. Louisville, KY: Westminster / John Knox, 2005. (Portuguese translation, São Paulo, 2005. Japanese translation, Tokyo, 2009).

Faith and Wealth: A History of Early Christian Ideas on the Origin, Significance, and Use of Money. San Francisco, CA: Harper & Row, 1990. (Chinese translation, Taipei, 2000.) Reprint, Wipf & Stock.

A Faith More Precious Than Gold: A Study of 1 Peter, with Catherine Gunsalus González. Louisville, KY: Horizons, 1989. (Korean translation, Seoul, 1990.)

Fe más preciosa que el oro: Un estudio de 1 Pedro, with Catherine Gunsalus González. Louisville, KY: Horizon, 1989.

Fellowship of Prayer: 2006 Lenten Season. With Catherine Gunsalus González. St. Louis, MO: Christian Board of Publications, 2006.

For the Healing of the Nations: The Book of Revelation in an Age of Cultural Conflict. Maryknoll, NY: Orbis, 1999.

For the Love of God: The Epistles of John, with Catherine G. González. New York, NY: Women's Division, General Board of Global Ministries, The United Methodist Church, 2010. (Korean translation, New York, 2010).

From Saint Augustine to the Eve of the Reformation. Vol 2 of A History of Christian Thought. Nashville, TN: Abingdon Press, 1971; second edition, Nashville: TN: Abingdon Press, 1987. (Korean translation, Seoul, 1988; Chinese translation, Nanjing, 2002; Portuguese translation, São Pualo, 2004.)

From the Beginnings to the Council of Chalcedon. Vol. 1 of A History of Christian Thought. Translated by Justo L. González. Nashville, TN: Abingdon Press, 1970; second edition, Nashville, TN: Abingdon Press, 1987. (Korean translation, Seoul, 1988; Chinese translation, Nanjing, 2002; Portuguese translation, São Paulo, 2002.)

From the Reformation to the Present. Vol. 2 of The Story of Christianity. New York, NY: Harper & Row, 1985. Translation and adaptation by Justo L. González of Y hasta lo último de la tierra: Una historia ilustrada del cristianismo, vols. 8-10. (Korean translation, Seoul,1995; Russian translation, St. Petersburg, 2002; Japanese translation, Tokyo, 2003.) Revised and updated as The Early Church to the Reformation, vol. 2 of The Story of Christianity. New York: HarperOne, 2010.

From the Reformation to the Present. Vol. 3 of A History of Christian Thought. Nashville, TN: Abingdon Press, 1979; second edition, 1987. (Korean translation, Seoul, 1988; Chinese translation, Nanjing, 2002; Portuguese translation, São Paulo, 2004.)

Go and Do Likewise, with Virgilio Elizondo. Nashville, TN: Abingdon Press, 2006.

Hechos. Minneapolis: Agusburg Fortress, 2006.

Hechos. Vol. of Comentario Bíblico Hispanoamericano. Miami, FL: Caribe, 1992. Portuguese translation: São Paulo, 2011.

Heretics for Armchair Theologians, with Catherine Gunsalus González. Louisville, KY: Westminster/John Knox Press, 2008. (German translation, Gottingen, 2009. Italian translation in process. Romanian translation in process.)

La historia como ventana al futuro: Ensayos sobre la historia de la iglesia. Buenos Aires: Kairos, 2002. (Portuguese translation, São Paulo, 2010).

La Historia también tiene su historia. Buenos Aires: Kairós, 2001.

Historia de las misiones. Buenos Aires: Methopress, 1970.

Historia del cristianismo en América Latina, with Ondina E. González. Buenos Aires: Kairós, 2013.

Historia del cristianismo. 2 vols. Miami, FL: Unilit, 1994. New edition in one vol., 2009.

Historia general de las misiones, with Carlos F. Cardoza. Barcelona: Editorial Clie, 2008. (Portuguese translation, São Paulo, 2008.)

In Accord: Let Us Worship, with Catherine Gunsalus González. New York, NY: Friendship Press, 1981.

Instrumentos del llamado de Dios. Nashville, TN: General Board of Higher Education and Ministry, 1992; second edition, 2009.

Introducción a la teología cristiana, with Zaida Maldonado-Pérez. Nashville, TN: Abingdon Press and Decatur, GA: AETH, 2003. (Portuguese translation, São Paulo, 2006; Korean translation, Soeul, 2012).

An Introduction to Christian Theology, with Zaida Maldonado-Pérez. Nashville, TN: Abingdon Press, 2002.

Itinerario de la teología cristiana. San Jose, Costa Rica: Caribe, 1975.

Jesucristo es el Señor. San Jose, Costa Rica: Caribe, 1975. Edición revisada: Lima: Puma, 2011.

Jesus Calls. Nashville, TN: Abingdon Press, 2004.

Jonás. Buenos Aires: Kairos, 2000.

Juan Wesley: Desafíos para nuestro siglo. Buenos Aires: La Aurora, 2004.

Juan Wesley: Herencia y promesa. San Juan, PR: Seminario Evangélico, 1998.

Juntamente con Cristo: Un comentario sobre los textos de Cuaresma y Semana Santa. Nashville, TN: Ediciones Discipulado, 1985.

The Liberating Pulpit, with Catherine Gunsalus González. Nashville, TN: Abingdon Press, 1994.

Liberation Preaching: The Pulpit and the Oppressed, with Catherine Gunsalus González. Nashville, TN: Abingdon Press, 1980.

Luces bajo el almud. San Jose, Costa Rica: Caribe, 1977.

Luke. Louisville, KY: Westminster John Knox Press, 2010.

Luke. Vol. 11 of Journey through the Bible. Edited by Debra G. Ball-Kilbourne. Nashville, TN: Cokesbury, 1994.

Mañana: Christian Theology from a Hispanic Perspective. Nashville, TN: Abingdon Press, 1990. German translation: Göttingen: Vandenhoek & Ruprecht, 1994. Spanish translation: Buenos Aires: Kairos, 2006)

Manual de homilética hispana: Teoría y práctica desde la diáspora, with Pablo A. Jiménez. Barcelona: CLIE, 2006.

Mapas para la historia futura de la iglesia. Buenos Aires: Kairós, 2001.

Mark's Message for the New Millenium. Nashville, TN: Abingdon Press, 2000.

Mentors as Instruments of God's Call. Nashville, TN: General Board of Higher Education and Ministry, 1992; second edition, 2009.

El ministerio de la palabra escrita. Nashville, TN: Abingdon Press, 2009.

Monasticism: Patterns of Piety. Nashville, TN: Graded Press, 1988.

No creáis a todo espíritu: La fe cristiana y los nuevo movimientos religiosos. El Paso, TX: Editorial Mundo Hispano, 2009.

Obras de Wesley. 14 vols. Edited by Justo L. González. Franklin, TN: Providence House Publishers, 1996-98.

Out of Every Tribe and Nation: Christian Theology at the Ethnic Roundtable. Nashville, TN: Abingdon Press, 1992.

Para la salud de las naciones. El Paso, TX: Mundo Hispano, 2005.

Paul: His Impact on Christianity, with Catherine Gunsalus González. Nashville, TN: Graded Press, 1987.

Perseverantes en la esperanza. San Juan, PR: Iglesia Cristiana, Discípulos de Cristo, 2003.

Por el amor de Dios: Las epístolas de Juan. New York, NY: Women's Division, General Board of Global Ministries, The United Methodist Church, 2010.

Por la renovación del entendimiento. Edited by Justo L. González. Río Piedras, PR: La Reforma, 1965.

Probad los espíritus: Un comentario sobre los textos de Adviento y Navidad. Nashville, TN: Ediciones Discipulado, 1987.

Proclaiming the Acceptable Year: Sermons from a Perspective of Liberation. Edited by Justo L. González. Valley Forge, PA: Judson Press, 1982.

Púlpito: An Introduction to Hispanic Preaching, with Pablo A. Jiménez. Nashville, TN: Abingdon Press, 2005.

¿Quién es mi prójimo?, with Virgilio Elizondo. Nashville, TN: Abingdon Press, 2006.

Rejoice in Your Savior: A Study for Lent-Easter, with Catherine Gunsalus González. Nashville, TN: Graded Press, 1979.

Retazos teológicos: Escritos inéditos de Justo L. González. Nashvile, TN y Austin, TX: Abingdon press and AETH, 2010.

Retorno a la historia del pensamiento cristiano. Buenos Aires: Kairos, 2004.

Retos y oportunidades para la iglesia de Hoy: Recursos en la historia de la iglesia para una iglesia posmoderna. El Paso, TX: Mundo Hispano, 2011.

Revelation, with Catherine Gunsalus González. Louisville, KY: Westminster/John Knox, 1997.

Revolución y encarnación. Río Piedras, PR: La Reforma, 1965; second edition, 1966.

Santa Biblia: The Bible through Hispanic Eyes. Nashville, TN: Abingdon Press, 1996.

Sus almas engrandecieron al Señor, with Catherine Gunsalus González. Translated by Justo L. González. Miami, FL: Caribe, 1977.

Their Souls Did Magnify the Lord: Studies on Biblical Women, with Catherine Gunsalus González. Atlanta, GA: John Knox, 1977.

Three Months with John. Nashville, TN: Abingdon Press, 2005.

Three Months with Matthew. Nashville, TN: Abingdon Press, 2002.

Three Months with Paul. Nashville, TN: Abingdon Press, 2006.

Three Months with Revelation. Nashville, TN: Abingdon Press, 2004.

Three Months with the Spirit. Nashville, TN: Abingdon Press, 2003.

Tres meses en la escuela de Juan. Nashville, TN: Abingdon Press, 1998.

Tres meses en la escuela de la prisión. Nashville, TN: Abingdon Press, 1997.

Tres meses en la escuela de Mateo. Nashville, TN: Abingdon Press, 1996.

Tres meses en la escuela de Patmos. Nashville, TN: Abingdon Press, 1997.

Tres meses en la escuela del Espíritu. Nashville, TN: Abingdon Press, 1997. (Portuguese translation, São Paulo, 2004.)

Ve y haz tú lo mismo, with Virgilio Elizondo. Nashville, TN: Abingdon Press, 2006.

Vision at Patmos: Studies in the Book of Revelation, with Catherine Gunsalus González. New York: Friendship Press, 1978; second edition, Nashville, TN: Abingdon Press, 1990.

Voces: Voices from the Hispanic Church. Edited by Justo L. González. Nashville, TN: Abingdon Press, 1992.

Wesley para a América Latina hoje. (São Paulo: Editeo, 2003).

When Christ Lives in Us. Nashville, TN: Abingdon Press, 1995.

Who Is My Neighbor?, with Virgilio Elizondo. Nashville, TN: Abingdon Press, 2006.

Biography of Contributors

Dr. Stephen Bevans SVD

Is currently the Louis J. Luzbetak, SVD Professor of Mission and Culture at Catholic Theological Union in Chicago, Illinois.

Es actualmente profesor de Misión y Cultura de la Cátedra Louis J. Luzbetak en el Seminario Católico Unión en Chicago, Illinois.

Dr. Carlos F. Cardoza Orlandi

Is Professor of Global Christianities and Mission Studies at Perkins School of Theology, Southern Methodist University in Dallas, Texas.

Es profesor de Cristianismos Globales y Estudios de Misión en la Escuela de Teología de la Universidad Metodista del Sureste en Dallas, Texas.

Dr. Zaida Maldonado Pérez

Is Professor of Church History and Theology at the Florida Dunnam Campus of Asbury Theological Seminary in Orlando, Florida.

Es profesora de Historia de la Iglesia y Teología en el Campus Florida Dunnam del Seminario Teológico Asbury en Orlando, Florida.

Rev. Stan Perea

Is the Executive Director of the Asociación para la Educación Teológica Hispana (AETH) in Denver, Colorado.

Es el Director Ejecutivo de la Asociación para la Educación Teológica Hispana (AETH) en Denver, Colorado.

Dr. Marcos Antonio Ramos

Is Professor Emeritus of the Florida Center for Theological Studies, Research Associate of the Institute of Cuban Studies of the University of Miami and a member of the Royal Spanish Academy of Madrid.

Es Profesor Emérito de Historia del Centro de Estudios Teológicos de la Florida, Investigador del Instituto de Estudios Cubanos de la Universidad de Miami y miembro de la Real Academia Española de Madrid.

CPSIA information can be obtained at www.ICGtesting.com
Printed in the USA
BVOW012054200513

321196BV00005B/46/P